hänssler

# Konrad Eißler

# Wie lieb ist der liebe Gott?

Die Deutsche Bibliothek – CIP-Einheitsaufnahme

**Eissler, Konrad:**
Wie lieb ist der liebe Gott? / Konrad Eissler. – 3. Aufl. –
Neuhausen-Stuttgart: Hänssler, 1991
    (TELOS-Bücher; 484: TELOS-Taschenbuch)
    ISBN 3-7751-1170-0
NE: GT

3. Auflage 1991
TELOS-Taschenbuch 484
Bestell-Nr. 70.484
© Copyright 1987 by Hänssler-Verlag, Neuhausen-Stuttgart
Die Artikel wurden bereits in der Zeitschrift »Entscheidung«
veröffentlicht.
Neu zusammengestellt von Irmhild Bärend
Umschlaggestaltung: Heide Schnorr v. Carolsfeld
Printed in Germany

# Inhalt

# Wie lieb ist der liebe Gott?

Ich sehe sein rundes, wohlgenährtes Gesicht noch vor mir. Herablassend lächelte er mich an aus seinem blau-weiß gestreiften Manageranzug mit gepunkteter Krawatte. Gerade hatte er mir selbstzufrieden die Bedeutung seines Konzerns erklärt. Zahlen waren über mich gestürzt, Namen im Stakkato auf mich eingehämmert worden – dann machte er eine Pause und faßte zusammen: »Sehen Sie, das alles sind wir!« Man konnte richtig hören, wie das »wir« sich breit auf den Marmorfußboden zwischen uns setzte, umgeben von Glas und Beton. Und freundlich, meine Hand tätschelnd, fügte er hinzu: »Für das andere – na, Sie wissen schon, das christliche, was Sie da machen, und das hier« – dabei klopfte er sich auf seine breite Brust – »sorgt schon der liebe Gott.«

Ich weiß noch, daß ich aufsprang und ihm heftig entgegenschleuderte: »Nein, so lieb ist Gott nicht. Diesen lieben Gott gibt es nicht. Er hat keinen weißen Bart. Er raucht auch keine Pfeife und sitzt abends mit Alten und Kindern auf der Parkbank. Er fliegt auch nicht auf einem Teppich durch den Himmel und paßt auf, daß die Glocken läuten. Er hat keine Patschhände und muß nicht bedauert werden.

Er ist kein Seelenpfleger und auch kein Trösteonkel für Kinder.«

Wie lieb ist Gott? Diese Frage ist nicht zum Einduseln, sondern zum Aufschrecken. Da kann man es mit der Angst bekommen. Die Bibel sagt: »Es ist furchtbar, in die Hände des lebendigen Gottes zu fallen!« Ist das noch der »liebe Gott«, den man übersieht, weil er doch nichts mehr zu sagen hat?

Vor diesem »lieben Gott« steht ein Jesaja und schreit: »Weh mir, ich bin vernichtet.« Dieser Gott teilt mit einer Handbewegung das Meer und läßt es zu Wasserwänden aufstauen, so daß sein Volk sicher hindurchgehen kann. Dieser Gott benutzt fünf Kieselsteine eines Hirtenknaben, um einen Krieg zu entscheiden und den Anführer kampfunfähig zu machen.

Dieser Gott zieht Menschen aus dem Schlamm und stellt sie auf festen Grund – verkrachte Existenzen, kaputte Ehen, Suchtkranke, Verzweifelte, Einsame. Dieser Gott ist ein Handelnder, ein redender und ein richtender Gott. Er will keine lauwarmen Mitläufer und Augenwischer. Er will Leute, die sich entscheiden – ja oder nein. Leute, die ihre Schuld nicht mehr ertragen können. Die nach Vergebung schreien.

Dieser Gott ist kein lieber, aber ein liebender Gott. Er sieht den Menschen in seiner Verlorenheit und kommt ihm in unendlicher Barmherzigkeit entgegen.

Darüber schreibt Konrad Eißler – Pfarrer an der Stiftskirche in Stuttgart, Evangelist, Autor – in diesem Buch. Auch er ist kein »lieber Pfarrer«, aber einer, der seine Gemeinde liebt, die nahen und die weit weggelaufen sind und sich verirrt haben. Ihnen geht er nach.

Seine Sprache ist markig, seine Bilder packend; leidenschaftlich seine Suche nach Menschen, denen er die Liebe Gottes vermitteln will. Er schreibt so, daß der »Mann auf der Straße« ihn versteht: »Wer zu Gott kommt, hat ein Dach über dem Kopf« – »Wer auf dem Bau Gottes arbeitet, wird Kreuzschmerzen bekommen.«

Eißler redet vom Kreuz, weil er dem Mann am Kreuz begegnet ist und ihm nachfolgt – diesem Gott, der uns liebt.

Irmhild Bärend

# Er wird

# kommen

# Der andere Christus

Ein Maler fertigt ein Jesusbild. Die Arbeit geht zügig voran. Nachdem es fertig ist, stellt der Künstler betroffen fest, daß er sein eigenes Gesicht dem Christus auf der Leinwand verliehen hat. Immer geben wir dem Christus unser Gesicht: Im 6. Jahrhundert erscheint Jesus in der gängigen Pose des lehrenden Weisen. Die Byzantiner malten ihn auf dem Thron antiker Herrscher.

Die Germanen machten aus dem Lendentuch einen Königsmantel und aus den Dornen eine prächtige Krone.

Im Spätmittelalter ist Jesus der geschundene, ohnmächtige Mensch.

Vor 100 Jahren schritt Jesus fast unwirklich schön durch deutsche Kornfelder.

Und heute?

Jesus im Drillichanzug und mit dem Bart des Revoluzzers.

Jesus in der schwarzen Robe des Rechtsanwalts für die Unterdrückten.

Jesus im weißen Arztmantel in der Drogenszene.

Jesus im Frack als Superstar auf der Bühne.

Jesus im Sari als Guru und Meditationskünstler.

Jesus soll so aussehen, wie wir ihn uns vorstellen.

Jesus soll so sein, wie wir ihn brauchen. Ein Jesus nach unserem Geschmack! Die Bibel berichtet von einem anderen Jesus:

– einer, der nicht mit der Palme kommt, sondern mit dem Schwert;

– nicht mit der Krone, sondern mit dem Kreuz;

– nicht mit dem Leben, sondern mit dem Tod.

Der Querbalken, an dem er hing, ist der Querstrich durch alle unsere Vorstellungen.

Wer im Bilde über Jesus sein will, muß sich von ihm selber bilden lassen.

# Die Zahl Null

Sicherlich gehört der Mathematikunterricht nicht zu den Lieblingsfächern aller Schüler. Manche haben beim Abitur alle Mühe, um an der Katastrophe vorbeizukommen. Dabei sind sie gar keine so schlechten Rechner. Mit dem kleinen und dem großen Einmaleins können sie umgehen. Das Rechnen mit Zahlen ist befriedigend. Mangelhaft wird es erst dann, wenn der Lehrer mit einer Unbekannten anfängt. Ein X wird eingeführt. Man will hinter das Geheimnis kommen, aber die Gleichung bleibt ein Buch mit sieben Siegeln. Nein, mit einer Unbekannten zu rechnen, liegt ihnen nicht.

Mit einer Unbekannten zu rechnen liegt vielen nicht. Sie haben diese Erfahrung vielleicht im Religionsunterricht gemacht. Sie haben vielleicht den kleinen und großen Katechismus gelernt. Sie konnten auch etwas mit den Zehn Geboten anfangen. Sie entdeckten darin einen Bezug zu Ihrem Leben. Aber als die Gottesfrage diskutiert wurde? War es nicht wie ein Rechnen mit der großen Unbekannten? Verheißungen Gottes und Wirklichkeit der Welt wurden in Beziehung zueinander gebracht, und die Gleichung ging nicht mehr auf. Man hörte von Gottes herrlicher Weltregierung und las dann von Angola, Nordirland, vom Libanon. – Mit Gott als der Unbekannten zu rechnen, liegt niemandem.

## Ich sah den Herrn

Auch Jesaja liegt das nicht. Er rechnet mit einer Zahl. »In dem Jahr, als der König Usia starb.« Das ist die Zahl 736. Er nennt also ein nüchternes Datum und sagt dann: »Damals sah ich den Herrn.« Das ist kein X und kein Y. Das ist keine Spekulation und kein Phantasiegebilde. Das ist kein Ergebnis einer selbst aufgestellten Rechnung. Jesaja liegt daran, festzustellen, daß er mit einem Gott der Geschichte rechnet. Mit einem wirklichen und keinem papiernen oder erdachten Gott.

Jesaja war damals nicht im Jerusalemer Tempel »high«, so wie man das heute durch eine Haschzigarette werden kann. Jesaja schwelgte nicht in übersinnlichen Trancezuständen, die ihm etwa neue Erkenntnisräume erschlossen hätten. Nein, er steht mit beiden Beinen auf dem Boden und stellt klar und nüchtern fest: »Ich sah den Herrn.« Und damit rechnet er.

## Er kam in unsere Welt

Kein Wunder, daß unsere Rechnungen oft nicht stimmen. Mit Gott als der großen Unbekannten gehen unsere Rechnungen und Gleichungen nie auf. Gott ist der, von dem die Seraphim, diese himmlische Leibgarde, ausruft: »Gott ist heilig, heilig, heilig.«

Und er ist der Gott, der uns wiederum ein Datum gegeben hat, eine Zahl. »Es begab sich zu der Zeit, als ein Gebot von dem Kaiser Augustus ausging.« Das ist die Zahl Null. Der heilige Gott hat sich nicht im

Himmel verschanzt, sondern ist in seinem Sohn in unsere sehr unheile Welt gekommen. Er hat sich unser angenommen.

Er hat sein Leben, indem er ans Kreuz gebunden wurde, mit unserer Lebensgeschichte unauflösbar verknotet. Er will gar nicht mehr ohne uns gedacht werden. Es geht um den heiligen Gott, der in Ewigkeit sein wird. Wer mit diesem Gott rechnet, muß allerdings mit einem dreifachen rechnen: nämlich mit seinem Todesurteil, mit seinem Freispruch und mit seiner Bewährung.

## Er hob das Todesurteil auf

Der bekannte Schriftsteller Arthur Miller, dessen Schauspiel »Zwischenfall in Vichy« auf vielen Bühnen gespielt wurde, schrieb einmal: »Ich habe das Leben immer nur als eine Art Gerichtsverfahren betrachtet, als eine ewige Beweisaufnahme. Jetzt weiß ich, daß die Katastrophe für mich in dem Augenblick kam, als ich aufsah und der Richterstuhl leer war. Kein Richter weit und breit. Was blieb? Nichts als ein endloses Selbstverhör. Ein endloser Prozeß, der vor einem leeren Richterstuhl geführt wird.«

Haben Sie etwas zu diesem leeren Richterstuhl zu sagen? Jesaja sagt dazu: »Ich sah den Herrn sitzen auf einem hohen und erhabenen Thron.« Jesaja sieht keinen »lieben Gott«, der fünf gerade sein läßt und ein Auge zudrückt, wenn ich komme. Er sieht auch keinen »fernen Gott«, der wie bei dem amerikanischen Schriftsteller John Steinbeck in den Wipfeln alter Bäume haust. Jesaja sieht keinen Märchenliebergott, der wie bei dem Schriftsteller W. Borchert nur ein Gedanke menschlicher Gehirne ist. Er sieht erst recht keinen namenlosen Gott, der wie bei Goethe Herz, Liebe oder

Glück genannt werden kann. Ferne, namenlose Märchenliebegötter fordern ja nichts.

Jesaja sieht den heiligen Gott, dessen Königsschleppe den Raum füllt. Er hört das dreifache Heilig der Engelchöre, so wie wir es vielleicht von Bachs Hoher Messe her im Ohr klingen hören. Er spürt das Zittern des Tempels unter den dröhnenden Rufen. *Jesaja ist mit der Heiligkeit Gottes konfrontiert.* Und im Licht dieser Heiligkeit erkennt er seine eigene Erbärmlichkeit.

Nur in der Begegnung mit Gott erfahren wir, daß wir unrein und sündig sind. Ohne Gott braucht man über Sünde nicht zu erschrecken. Man wird von Mängeln, Versäumnissen, Fehltritten reden, die »halb so schlimm« sind. Man wird auf die anderen zeigen, die »auch nicht besser sind«. Man wird auf die Möglichkeit hinweisen, daß man sich ja jederzeit »am Riemen reißen« und vieles besser machen könne. Ohne Gott ist das alles möglich. Aber vor Gott sind wir entlarvt.

Er sagt: »Du sollst keine anderen Götter neben mir haben«, und wir sehen zu, wie Millionen die Horoskope von Carol Righter lesen und danach leben. Er sagt: »Du sollst den Feiertag heiligen«, und wir verplanen oder verschlafen den Sonntagmorgen, als ob er uns gehöre. Er sagt: »Du sollst Vater und Mutter ehren«, und wir sprechen von den Alten, die sich nicht gegen das Altenheim sperren sollen. Er sagt: »Du sollst nicht töten«, und in uns wächst ein inneres Ja zur Tötung des ungeborenen Lebens. Er sagt: »Du sollst nicht ehebrechen«, und wir sprechen von emanzipierter Sexualität, die nicht von überholten Normen eingeengt werden dürfe.

Wer von Gott spricht, wird nicht mehr so reden können. Jesaja lagen ganz andere Worte auf den Lippen. Er stammelte sein eigenes Todesurteil: »Weh mir, ich bin vernichtet.« Auch ein Saulus stürzte vom hohen Roß, als ihn Gottes Ruf traf. Martin Luther fiel zu Boden, als er Gottes Stimme vernahm.

Wer dem heiligen Gott begegnet, wird es Jesaja nachsprechen: »Herr, ich bin scheinheilig und unheilig. Herr, ich bin verloren in Zeit und Ewigkeit.« Oder, so wie es Paulus sagt: »Ich elender Mensch, wer wird mich erlösen von dem Leibe dieses Todes?« Wer mit diesem Gott rechnet, kann sein Todesurteil nicht ausklammern, aber auch nicht das Zweite: den Freispruch.

## Er erteilte den Freispruch

Daß Jesaja nicht dem Tode verfällt, beruht auf einem eigenartigen Vorgang. Ein Seraph, eine für uns unvorstellbare Engelsgestalt, fliegt zu ihm hin, nachdem er vom Altar eine glühende Kohle genommen hatte. Mit ihr berührte er die Lippen Jesajas. Die Folge ist die Entsühnung, denn Feuer vom göttlichen Altar hat reinigende und heiligende Kraft.

Die Worte des Engels besagen, was die Handlung ausdrückt: Deine Schuld weicht; deine Sünde wird gesühnt. Man kennt das Alte Testament schlecht, wenn man in diesem Reinigungsakt nur eine symbolische Handlung sieht. Die Missetat wird wirklich von Jesaja weggenommen und die Sünde zugedeckt. Er erfährt es in den Formen alttestamentlicher Gotteserscheinungen. Aber alles, was im Alten Testament geschieht, ist Schatten des Kommenden.

*Uns widerfährt die Befreiung im Hören auf das Wort von Golgatha: »Um unserer Sünde willen dahingegeben und um unserer Gerechtigkeit willen auferweckt.«*

Anstelle der Engel rufen wir es uns im Auftrag Gottes zu: »Dir sind deine Sünden vergeben.« Das heißt nicht, daß das Todesurteil ausgesetzt ist. Vielmehr wird es vollstreckt. Nur eben nicht an uns, sondern an Jesus. Das ist das Ungeheure und für unseren Verstand Unfaßliche, daß dieser Gott, mit dem wir rechnen sollen, mit uns nicht abrechnet. Er addiert nicht Sünde um Sünde und rechnet die Summe mit uns auf. Gott macht einen Strich durch die Rechnung. Jesus zieht den Strich selbst. Am Kreuz blutet er und sagt sterbend: Es ist bezahlt.

Meine *ungedeckten* Schecks – sie sind bezahlt. Meine *überzogenen* Konten – sie sind bezahlt. Meine *tausend* Schuldscheine – sie sind bezahlt. Meine *unbezahlten* Rechnungen – sie sind bezahlt. Das ist kein Freispruch mangels Beweise, sondern ein Freispruch trotz Beweise, ein Freispruch mit Bewährung.

## Er schenkte uns Bewährung

Der Freispruch ist mit einem Auftrag verbunden. Jesaja hört die Stimme des Herrn, der sagt: »Wen soll ich senden, wer will unser Bote sein?« Gottes Freispruch erhält man nie zum frommen Genuß, sondern nur zum heiligen Dienst.

Gott braucht Boten, Briefträger, Botschafter seiner Sache. Jesaja versteht das und antwortet: »Hier bin ich. Sende mich.« Er antwortet ganz anders als Mose, der sagte: »Herr, ich habe eine zu schwere Zunge. Ich bin beim Sprechen gehemmt.« Er antwortet auch anders als Jeremia, der zurückzuckt und ruft: »Herr, ich bin zu jung.« Jesaja hatte erkannt, daß er als Sünder vor Gott sein Leben verwirkt hatte. Darum erschien ihm dieser Ruf Gottes als unverdiente Gnade und Gabe, der er sein Leben lang die Treue zu halten schuldig war. Bewahrung zielt auf Bewährung. Jesaja ist zum Botendienst bereit.

Und dieser Botendienst sieht sehr verschieden aus.

Den einen führt dieser Dienst in einen sozialen Brennpunkt im eigenen Land. Den anderen auf eine Missionsstation in der Dritten Welt. Der eine wird Bote, mitten in der Fabrikhalle, wo man nur noch ein verkrustetes und verstaubtes Christentum kennt. Der andere bezeugt seinen Herrn in der eigenen Familie, wo schon längst das Tischgebet abgeschafft worden ist. Es gibt unzählige Möglichkeiten, Botendienste für Gott zu tun.

Eine Geschichte möchte ich weitergeben, die mir einer erzählt hat, der auf dem Appellplatz im Lager Buchenwald gestanden hat. Er stand dort, grenzenlos allein, unheimlich gefangen und ohne Glauben, entschlossen, in der nächsten Nacht in den elektrischen Zaun zu gehen und Schluß zu machen. Da hörte man an diesem Ort des Grauens und der Verzweiflung eine klare Stimme über den Platz der 20000 Gefangenen schallen. Diese Stimme rief aus dem Fenster einer Bunkerzelle heraus: »Jesus spricht, ich bin das Licht der Welt.« Das war die Stimme des rheinischen Pfarrers Paul Schneider. Und der dies erzählte, sagte: »Er hat mich durch diesen Ruf gerettet. Denn von da an wußte ich, daß doch einer bei mir ist.« Sie haben Paul Schneider für seinen Ruf geschlagen und ihn schließlich stumm gemacht. Aber Gott hat ihn als Boten gesandt, Menschen zu retten.

Heute sind viele gefangen, viele einsam, viele verzweifelt, viele sogar bereit, in den Tod zu gehen. Sie warten auf das Wort von dem Freispruch. Paul Schneider konnte nur noch rufen, sonst nichts, aber er gab für sein Zeugnis seinen geschundenen Leib und sein Leben, damit andere gerettet werden. Was geben Sie? Gott braucht Sie! Gott will Sie! Gott ruft Sie: Wen soll ich senden? Antworten Sie ihm: Herr, sende mich. Machen Sie die Probe aufs Exempel: Wer mit diesem Gott rechnet, verrechnet sich nie.

# Er kam durch die Wüste

**Aufbruchstimmung am Sinai.
Reisevorbereitungen in der Wüste.
Bewegung im israelischen Biwak.**

Zeltpflöcke werden gelöst, Planen gerollt, Kisten gepackt. Frauen raffen ihre Siebensachen zusammen, Männer schirren die Ochsengespanne, Kinder tollen auf den Wagen. Endlich, nach langen Wochen des Wartens, soll es weitergehen. Nicht zurück zu den Fleischtöpfen Ägyptens sondern vorwärts zu den Honigbächen Kanaans. Auffallenderweise hält zu diesem Zeitpunkt der Anführer Mose keine Stabsbesprechung ab, um mit Aaron, Hur und seinem persönlichen Adjutanten Josua die Marschroute festzulegen. Er unternimmt auch keine Inspektion, um sich selbst von der Reisetauglichkeit seiner Truppe zu überzeugen. Dieser Chef besteigt auch keinen Befehlsstand, um letzte Anweisungen an sein Volk zu geben.

Nein, Mose befindet sich überhaupt nicht auf den Füßen sondern auf den Knien. Am Rande des Geschehens faltet er die Hände. Der Gottesmann betet. Er weiß, daß er jetzt mehr braucht als eine ausgeklügelte Wegbeschreibung, mehr als gut gesattelte Tiere, mehr als feldmarschmäßig ausgerüstete Leute. Für die Durchquerung der Wüste, die alles andere als ein Spaziergang sein wird, braucht er den Herrn selbst. Immer brauchen wir diesen Herrn, wenn wir in eine dunkle Zukunft hineingehen. Und so redet Mose mit Gott, wie man mit einem Freund redet. Er ringt mit ihm, so wie man mit einer Person ringt. Er läuft in den Herrn hinein, um ihm den Weg zu verstellen. Wer solch stürmisches Bitten als unverschämte Bettelei abtut, hat wenig vom richtigen Beten verstanden. Biblische Beter sind Gott auf den Leib gerückt.

»Herr«, sagt Mose, »ich habe so viel Vergeßlichkeit gesehen. Kaum waren die Elitetruppen des Pharao im Meer verschwunden, da war auch die Erinnerung an deine starke Hand weg. Herr, ich habe so viel Undankbarkeit gesehen. Kaum war die Marschverpflegung als Manna vom Wüstenhimmel gefallen, da schimpften sie über leere Feldflaschen. Herr, ich habe so viel Gottlosigkeit gesehen. Kaum war ich auf den Berg geklettert, da ging der Tanz um das goldene Kalb los. Herr, nach so viel Vergeßlichkeit und Undankbarkeit und Gottlosigkeit laß mich jetzt deine Mächtigkeit sehen, deine Gewichtigkeit, deine Herrlichkeit. Ich möchte ein Pfand für deine Nähe. Ich möchte wissen, daß du da bist. Ich möchte einen Beweis dafür, daß ich keinem Lügner aufgesessen bin. Tritt aus deiner Unsichtbarkeit. Komm in meine Wirklichkeit. Zeige mir deine Herrlichkeit.«

So kühn diese Bitte ist, so verständlich ist sie. Wo Dunkelheit ist, da ist Sehnsucht nach Licht.

Wer wie Mose daran leidet, daß sein Lebensweg kein gemütlicher Spazierweg, sondern ein gefährlicher Wüstenweg ist, der wird ihn verstehen und mit ihm flehen: »Laß mich deine Herrlichkeit sehen.« Und Gott weist diese ungeheure Bitte nicht brüsk ab. Aber er macht Mose darauf aufmerksam, daß ihrer Erfüllung letzte Grenzen gesetzt sind.

Als Kinder schenkte man uns einmal zu Weihnachten ein Teleskop. Die Freude war groß. In der Nacht konnten wir Mond und Sterne beobachten. Aber wehe, wenn wir damit am Tage die Protuberanzen, die Sonnenflecken, studiert hätten. Sonnenlicht zerstört unser Auge. Gott aber ist heller als tausend Sonnen. Er ist ein verzehrendes Feuer.

Wehe, wenn uns einfiele, ihm Auge in Auge gegenüberzutreten. Gottes Licht zerstört unser Leben. Der Prophet Jesaja erfuhr das. Als im Tempel dieses Licht anging, schrie er: »Weh mir, ich vergehe.«

Paulus erlebte es. Als vor Damaskus der Himmel aufblitzte, fiel er blind vom hohen Roß auf das Pflaster. Und ein Seher, Johannes, erlitt diese Helligkeit. Als ihm auf der Insel Patmos der Herr begegnete, stürzte Johannes zu Boden und lag wie ein Toter da. Der Sichtbarkeit Gottes ist keiner gewachsen. Und so sagt Gott auch zu Mose: »Kein Mensch wird leben, der mich sieht.« Kein Mensch wird weiterleben, der dem Gotteslicht ausgesetzt ist. Kein Mensch wird überleben, der in das Strahlungsfeld des Höchsten gerät. Gottes Unsichtbarkeit ist unser Schutz. Mose bittet um Sichtbarkeit, aber weil er sie nicht erleben darf, begegnet ihm Gott anders: in seiner Güte, Barmherzigkeit und Freundlichkeit.


## Gottes Güte zeigt sich in seinem Namen

Gott sagt zu Mose: »Ich will dir den Namen des Herrn kundtun.« Mose hört also den Namen Gottes. Was bedeutet das? Es gibt Menschen, die ohne Namen leben. Sie tauchen in der Anonymität unter. Sie zeigen sich nur inkognito. Namenlose Menschen sind uns unheimlich. Mit Anonymen wollen wir nichts zu tun haben.

Dann gibt es Zeitgenossen, deren Namen wir kennen. Es sind hochgestellte Persönlichkeiten. Wir würden es nicht wagen, ihnen schulterklopfend gegenüberzutreten. Ehrerbietig halten wir Abstand.

Und dann gibt es solche, die nennen ihren Namen. Klassendenken ist ihnen fremd. Sie haben keinen falschen Stolz. Sie sind nicht hochnäsig; sie möchten uns kennenlernen; sie kommen uns nahe; sie bieten uns Freundschaft an.

Genau so will dieser Gott nicht ohne Namen leben. Er taucht nicht in der Anonymität unter. Einen Gott inkognito gibt es nur in den Naturreligionen. Aber namenlose Götter sind unheimlich, unberechenbar und gefährlich. Doch dieser Gott will auch keine hochgestellte Persönlichkeit sein. Er reiht sich nicht etwa in die Elite eines Götterhimmels ein und beansprucht da den ersten Platz. Dieser Gott nennt seinen Namen. Er meint es gut mit Mose. Er kommt ihm nahe. Er bietet ihm seine Freundschaft an.

Jetzt weiß Mose, daß er nicht allein weiterziehen muß. Der Name Gottes verbürgt seine Gegenwart. In Hör- und Rufweite ist er ihm nahe. In Jesus Christus hat er sich uns sichtbar offenbart. Seitdem Christus zu uns gekommen ist, dürfen wir ihn mit du anreden – in jeder Wüste, an allen Kreuzungen: »Du, Herr, du kennst mein Tief, in das ich geraten bin. Kein Mensch kann mich herausholen. Es wird immer dunkler und einsamer um mich. Höre mich!« – »Du, Herr, kennst meinen Streß, in dem ich stekke. Ich weiß nicht, wo ich zuerst hinlangen soll. Die Arbeit erdrückt mich. Rette mich!« – »Du, Herr, weißt, daß ich Angst vor der Zukunft habe. Alle Wege liegen im Schatten. Nichts ist mehr sicher.

Leite mich!« Und nun kommt die große Zusage: »Wer den Namen des Herrn anrufen wird, der soll gerettet werden.« Gottes Güte zeigt sich, indem er seinen Namen nennt.

## Gottes Barmherzigkeit zeigt sich an seiner Hand

»Ich will meine Hand über dir halten.« Mose spürt also die Hand Gottes. Das Volk war unter die Hand Pharaos geraten, der seine Gastarbeiter gründlich ausnutzte. In Pithom und Ramses brannten sie Ziegel, errichteten Häuser, bauten Pyramiden. Wer aufmuckte, wurde hart gestraft. Die Aufmüpfigen wurden niedergeknüppelt, jeder Widerstand im Keim erstickt. Es bestand nicht die geringste Chance, dieser eisenharten Hand zu entkommen.

Dann aber holte Gott Mose von der Viehweide und schickte ihn mit leeren Händen zu dem Tyrannen. Eine Landplage nach der anderen schüttelte die Ägypter. Schließlich blieb ihnen nichts anderes übrig, als ihre billigen Arbeitskräfte ziehen zu lassen. Und so kam es zu diesem unvergeßlichen Exodus, diesem Auszug, der Befreiung aus jahrelanger Unterdrückung. Jedes Kind wußte es: »Der Herr hat uns mit mächtiger Hand aus Ägypten geführt.«

In seiner engen Felsenkluft, auf seinen Knien liegend, spürte Mose jetzt diese Hand in neuer Gewißheit. Und so wußte er: Ich bin in Gottes Hand. Niemand sonst darf Hand an mich legen. – Und diesen Arm Gottes haben wir erfahren in Christus. Er hat seine Hand ausgestreckt zu dem blinden Bartimäus, der im Dunkeln hockte und nur noch tasten konnte. Er hat sie dem Jüngling von Nain auf den Kopf gelegt und ihm neues Leben gegeben. Er hat sie dem Langzeitkranken am Teich Bethesda entgegengestreckt und ihm die notwendige Kraft zurückgegeben. Und mit dieser Hand hat er die Dirne am Jakobsbrunnen aus dem Schlamm der Schuld herausgezogen.

Dann wurden seine weit ausgestreckten Hände von Vierkantnägeln durchbohrt und an das Kreuz geschlagen. Und mit diesen blutenden Händen sagte er zu dem Verbrecher, der am Kreuz neben ihm hing: »Heute wirst du mit mir im Paradies sein.«

Jesus will jeden erreichen und decken. Deshalb zeigte er am Ostermorgen als der Auferstandene seine Hände und sagte: »Friede sei mit euch!« Wer sich an diese Hand klammert, der weiß auch in den dunkelsten Stunden, in den schwierigsten Entscheidungen, in herbem Abschied, daß diese Hand ihn festhält. Denn gerade darin zeigt sich Gottes Barmherzigkeit.

## Gottes Freundlichkeit zeigt sich in seiner Spur

»Ich will meine Hand von dir tun, und du darfst hinter mir her sehen.« Mose entdeckt die Spur Gottes erst, indem er rückwärts schaut. Da sieht er mit staunenden Augen, wie gnädig dieser Gott mit ihm umgegangen ist. In Ägypten ist keine israelitische Familie zurückgeblieben. Im Roten Meer ist kein Israelit ertrunken. In der Wüste Sinai ist kein Kind des Volkes Israel verhungert, niemand verdurstet. Auf all den Stationen, die hinter ihnen liegen und die manchmal wie ein Umweg aussahen, war immer eine Wegleitung zum richtigen Ziel.

Diese Erfahrung machen Menschen, die sich auf Gott verlassen, immer wieder – auch die Jünger Jesu.

Als sie zurückschauten, begriffen sie, wie zielbewußt dieser Herr sie geleitet hatte: Kapernaum, Tiberias, Jericho, Bethanien, Jerusalem – Orte an einem Weg, der wie durchkreuzt aussah, in Wirklichkeit aber der Kreuzweg Jesu war.

Auch für uns ist Gottes Spur immer wieder als Fußspur in der Vergangenheit zu sehen. Prüfen Sie selbst, prüfen Sie die letzten 20, 40 oder 70 Jahre. Müssen nicht auch Sie im Rückblick auf dunkle und helle Tage, auf schöne und bittere Stunden, auf glückliche und schwere Augenblicke erkennen: Gott hat es richtig gemacht? Keine Stürme waren und sind zu stark, daß sie die Fußspuren Gottes in unserem Leben verwehen könnten! Gottes Freundlichkeit zeigt sich an einer Spur.

Eine russische Legende erzählt von zwei Mönchen. Sie hatten in einem alten Buch gelesen, daß es am Ende der Welt eine Tür gäbe, hinter der sich Himmel und Erde berührten und die Herrlichkeit Gottes sichtbar würde.

Der Gedanke faszinierte sie. Diese Tür wollten sie finden, und so machten sie sich auf den Weg und durchstreiften die ganze Erde. Sie nahmen Entbehrungen und Gefahren auf sich. Nichts konnte sie von ihrem Ziel abbringen. Schließlich fanden sie die Tür, die sie suchten. Sie klopften an und gingen voller Erwartung hinein. Als sie sich umsahen, stellten sie fest, daß sie vor dem Betschemel ihrer alten Klosterzelle standen. Da begriffen sie: Der Ort, an dem sich Himmel und Erde berühren, liegt nicht am Ende der Welt, sondern ist da, wo wir leben, wo wir hineingehören.

Und wer dann an dieser Stelle seine Knie beugt und die Hände faltet, der wird Gottes Güte, Barmherzigkeit und Freundlichkeit erfahren und dann wiederholen können, was der Apostel Johannes gesagt hat: »Wir sahen seine Herrlichkeit, eine Herrlichkeit als des eingeborenen Sohnes vom Vater, voller Gnade und Wahrheit.«

# Fünf Kieselsteine

»Stark«, sagen die jungen Leute. Stark hat die Begriffe »Klasse, Spitze, toll« fast abgelöst. Stark ist zum Modewort geworden. Einer ist stark im Sport. Am Barren ist er genau so gut wie an den Ringen. Außerdem läuft er die 100 Meter in 11,1 und überspringt beim Weitsprung die 7-Meter-Marke.

Ein anderer ist »stark« in Musik. Neben dem Klavierunterricht lernt er Flöte und Geige. Außerdem spielt er Horn im Posaunenchor und singt Tenor im Jugendchor. Der dritte ist »stark« in Sprachen. Mühelos hält er eine Eins in Englisch und Französisch. Außerdem ist er der Beste in Latein, und Griechisch lernt er in einer Arbeitsgemeinschaft.

Und dann gibt es andere. Die sind »stark« in Kunst, in Naturkunde, in Mathematik. Schön ist das, wenn jeder seine Stärke hat und nicht nur an Schwächen leidet. Leider kann man meistens nicht viele Begabungen auf sich vereinigen. Wenn einer sportlich ist, hat er oft Schwierigkeiten mit der Kunst. Wenn einer musisch ist, steht er vielleicht mit den Logarithmen auf dem Kriegsfuß. Ein Universalgenie gibt es nur im Roman.

Eine Stärke aber können wir alle haben. Der Apostel Paulus sagt: »Seid stark im Herrn!« Dazu gehört die

Wahrheit genauso wie die Gerechtigkeit, der Glaube genauso wie der Friede. Da geht es um ein Christsein ohne »Wenn und Aber«. Es geht nicht um meine Leistung, um meine Begabung, es geht nur um Jesus, um den Herrn, zu dem ich gehöre. Seine Kraft gibt mir Kraft. Meine Kraft ist so groß wie die Kraft, die ich mir von ihm erbitte.

Ich möchte Ihnen von David und Goliath erzählen (1. Samuel 17). Wenn Gott von der Waffenrüstung eines Christen redet (Epheser 6,10–20), dann liefert gerade diese Geschichte eine großartige Erklärung.

## Schleuder gegen Panzer

David war stark im Herrn. Weil seine Brüder an der Front standen, spielte er die Feldpost und brachte ein Päckchen ins Heerlager. Die Mutter hatte gewußt, daß die »Feldverpflegung« den Hunger ihrer Jungen nicht stillen konnte. So hatte sie mit Liebe zehn Brote für die Burschen und zehn Käse für den Hauptmann eingepackt. Als dann der kleine David vor den Zelten stand, begann das allabendliche Trommelfeuer des Goliaths, dieses drei Meter großen Muskelbergs, der als Superwaffe vom Feind eingesetzt wurde. Jeder verkroch sich zitternd hinter dem nächsten Busch, nur David nicht. Im Gegenteil, er meldete sich sogar zum Zweikampf. Die Landser lächelten, die Brüder schimpften. Aber David war unbeirrbar. Daraufhin setzte ihm der König einen Helm auf den Kopf, so daß nur noch sein Kinn darunter hervorschaute. Auf die übliche Waffenausrüstung verzichtete David, sie war ihm zu schwer. Dann marschierte er los und stellte sich vor den Koloß. Was für ein Gegensatz. Auf der einen Seite ein junger Mann mit einem Stecken, einer Schleuder und fünf Steinen, auf der anderen Seite eine Lanze, ein Panzer, eine geballte Ladung. Müßte sich David jetzt nicht auf den Boden werfen und in Deckung gehen? Im Gegenteil. David geht weiter auf den Supermann zu. Er weiß: der kommt im Namen seiner Muskelpakete und seiner militärischen Überlegenheit, aber David kommt im Namen des Herrn. Wer im Namen des Herrn kommt, kommt nie allein.

Paulus will uns durch diese Geschichte Mut machen: Handelt so wie David. Seid stark in dem Herrn, und werdet nicht schwach vor dem Feind. Geht nicht in die Knie unter der Last, liegt nicht am Boden hinter der Deckung.

## Goliath ist überall

Wie sieht unser Goliath heute aus? Er ist noch größer und mächtiger geworden, er ist schwer bewaffnet bis an die Zähne. Aus der Lanze sind Raketen geworden, die Kontinente überqueren und mit Fernsteuerung zielgenau treffen. Statt mit Faustschlägen droht unser Goliath heute mit Atomschlägen, die alles Leben vernichten. Er steht im Westen und im Osten, im Süden und im Norden. Goliath ist überall.

Paulus sagt zu uns: Verliert nicht den Mut, letztlich kann euch dieser Goliath nichts anhaben. Seine Waffen können euch vielleicht das Leben, aber nicht den Herrn nehmen. Viel gefährlicher ist der, der hinter Goliath steht und ihn nur als Handlanger benützt, das ist Satan selbst.

Man kann darüber streiten, ob Martin Luther – wie es uns die Geschichte berichtet – in der Dämmerung seiner Zelle den Leibhaftigen erblickt und das Tintenfaß nach ihm geworfen hat. Sicher ist aber, daß Martin

Luther mit dem Evangelium dem Widersacher Widerstand geleistet hat.

Einige von Ihnen werden das Buch des berühmten christlichen Schriftstellers C. S. Lewis »Dienstanweisungen an einen Unterteufel« kennen. Vielleicht redet C. S. Lewis in diesem Buch zu viel vom Bösen, aber stellen wir nicht auch fest, daß bei uns ein »Durcheinanderwirbler« am Werk ist? Jeder von uns muß den Kampf mit ihm durchstehen. Täglich begegnet uns der Böse. Wir erkennen sein Handeln, wenn unser Friede bedroht ist, wenn die Brandherde am Persischen Golf nicht unter Kontrolle gebracht werden, wenn das Gleichgewicht der Natur, das schon gestört ist, noch mehr erschüttert ist, wenn die Luft nicht wieder sauberer und das Wasser nicht wieder reiner wird. Und dann die Gefahren für unsere Arbeitsplätze. Wir müssen uns täglich Mühe geben, das Schöne zu erkennen, das Gott geschaffen hat, damit uns nicht das Böse in seinen Bann zieht. Deshalb lehrte Jesus uns beten: »Erlöse uns von dem Bösen.« Deshalb weist der Apostel Paulus die Christen in Ephesus darauf hin: »Ihr habt nicht mit Fleisch und Blut zu kämpfen, sondern mit Mächtigen und Gewaltigen, mit den Herren der Welt.« Deshalb formulierte Martin Luther mit kräftigen Worten: »Der Christ soll wissen, daß er mitten unter den Teufeln sitzt und daß er ihm näher ist als Rock und Hemd, ja näher als seine eigene Haut.«

Wir brauchen vor diesem Feind nicht schwach zu werden. Niemand ist dem Teufel schutzlos ausgeliefert. Gott hat uns eine Rüstung angeboten, die nicht aus den Schmieden akademischer Fakultäten stammt, wo Teuflisches als überholt abqualifiziert und wegphilosophiert wird.

# Gott rüstet aus

Gottes Rüstung deckt unsere Schwachstellen ab. Und schwach sind wir – in Sachen Schuld. Bei wieviel Gelegenheiten in den letzten Tagen haben wir versagt? An wieviel Menschen sind wir schuldig geworden? Zu wie vielen Dingen haben wir geschwiegen, obwohl wir reden sollten?

Schuld geht uns alle an. An der Schuld sind wir verwundbar, aber Gott legt darauf seine Gerechtigkeit, die durch das Sterben Jesu für jeden sichtbar geworden ist.

Und neben der Schuld ist die Angst. Vor wie vielen Terminen in den nächsten Tagen zittern wir? Vor wie vielen Menschen haben wir Angst? Vor wie vielen Prognosen und Diagnosen wollen wir am liebsten die Augen verschließen? An der Angst sind wir alle verwundbar, aber Gott legt darüber den Glauben, der zu Weihnachten in unsere Welt kam, und der bei Jesus so klingt: »Euer Herz erschrecke nicht und fürchte sich nicht. Glaubet an Gott und glaubet an mich.«

Neben Schuld und Angst sind wir auch schwach in Sachen Lüge. Bei wievielen Gesprächen haben wir uns herausgeredet? Zu wievielen Menschen sagen wir nur die halbe Wahrheit? In wie vielen Briefen drückten wir uns um das herum, was eigentlich auf den Tisch gehörte? Auch an der Lüge sind wir alle verwundbar. Aber Gott legt darüber seine Wahrheit, über die Jesus damals zu Pilatus sagte: »Ich bin die Wahrheit.«

Und neben Schuld, Angst, Lüge sind wir auch schwach in Sachen Streit. Zwischen wie vielen Menschen fallen böse Worte, mit wie vielen Menschen haben wir Probleme, Auseinandersetzungen, Zank? Wie oft fehlt uns das richtige Wort der Versöhnung! Auch am Streit sind wir alle verwundbar. Aber Gott legt darüber seinen Frieden, der am Kreuz geschlossen wurde und den Jesus in unsere zerstrittene Welt hineingetragen hat. »Den Frieden lasse ich euch, meinen Frieden gebe ich euch.« (Johannes 14,27) Mit dieser Ausrüstung aus Gerechtigkeit und Wahrheit, Glaube und Friede ist jeder gut angezogen.

Ich habe einmal gelesen, daß im Frühjahr 1942 junge Männer über einen Bahnsteig humpelten, mit Krücken unter dem Arm und Verbänden an den Füßen. Mitleidige Zuschauer erfuhren, daß man diesen Soldaten ihre erfrorenen Zehen wegoperiert hatte. Für den Winterkrieg in Rußland war an alles gedacht worden: Panzer, Munition, Flugzeuge – nur nicht daran, daß Soldaten Zehen haben. Wenn Gott uns aber seine Kleidung umlegt, dann ist auch an die Zehen gedacht. Wenn Gott uns ausstaffiert, sind wir ganz und gar geborgen. Gottes Waffenrüstung ist komplett.

## Ein Losungswort genügt

Deshalb brauchen wir auch nicht in Deckung zu gehen. Erinnern wir uns noch einmal an David. Eigentlich hätte er eine Panzerfaust gebraucht, um dieses Scheusal von Goliath zu durchlöchern. Vielleicht hätten es auch fünf Dynamitstäbe getan, um diese Festung in die Luft zu jagen. David besaß aber nur fünf Kieselsteine. Mit Steinen kann man Fenster einwerfen, aber keinen Panzerturm zertrümmern. David machte sich darüber keine Gedanken. Er marschierte nach vorn, griff in die Tasche, spannte die Schnur, zielte haargenau, schoß die Steinchen ab und sah, wie plötzlich 3 Meter Mensch und 81 Kilo Eisen ins Gras stürzten. Daran, so heißt es im Text, erkannte alle Welt, daß Israel einen Gott hat.

Das muß auch unsere Welt wieder erkennen. Deshalb sollen wir uns nicht taktisch klug auf den Boden legen. Das Volk Gottes hat nur eine Vorwärtsstrategie. Darum brauchen wir uns nicht das nächstbeste Versteck zu suchen. Gottes Leute gehen nicht in Deckung. Wir sollen uns aufmachen und das Evangelium zu den Menschen tragen und nicht etwa sagen, uns fehle das Zeug dazu. Fünf Worte sind das Losungswort für jeden Christen: Jesus Christus, König und Herr. Diese Worte dürfen nicht in der Tasche bleiben. Sie müssen in die Welt geschleudert werden wie die Kieselsteine des David, dann werden sie auch den stärksten Mann umhauen: »Denn der Fürst dieser Welt, wie sauer er sich stellt. Tut er uns doch nichts, das macht, er ist gericht. Ein Wörtlein kann ihn fällen.«

Unsere einzige Angriffswaffe ist das Wort Gottes. Mehr als das brauchen wir nicht.

# Er ist

# gekommen

# Das Ultimatum

*Ostern alternativ*, so sagen die einen und empfehlen eine Osterreise. Ich habe in verschiedenen Reiseprospekten nachgeschlagen und mich informiert. Inter-Air offerierte zu Ostern ein schmackhaftes Angeln von Hechten und Forellen in Irland: »Nachdem die Laichzeit vorüber ist, beißen die Fische wie verrückt. Das weitgestreute Angebot kann auch spät Entschlossenen noch einen guten Fang garantieren.« Mexico-Airlines verspricht einen strahlenden Osterhimmel über Acapulco: »Bei 350 tropischen Sonnentagen im Jahr wird jede Sehnsucht nach Sonne und Sommer gestillt.« Dieser Oster-Knüller sei nahezu ausgebucht. Und Kenia-Flugreisen schießen den Vogel ab: »Ostereiersuchen im feinsandigen Strand des Indischen Ozeans, selbstredend mit Safaris gekoppelt!« Ostern am Wasser, Ostern unter Palmen, Ostern im Sand, Ostern alternativ.

*Ostern meditativ*, so sagen die anderen und empfehlen einen Osterspaziergang. Ich habe den »Faust« aufgeschlagen und Schülererinnerungen aufgefrischt. Faust und Wagner spazieren an dem vom Eis befreiten Strom und Bächen und dozieren mit holdem Blick über das im Tale grünende Hoffnungsglück. »Jeder sonnt sich heut' so gern. Sie feiern die Auferstehung des

Herrn. Denn sie sind selber auferstanden, aus Handwerks- und Gewerbebanden, aus der Straßen quetschender Enge, aus der Kirche ehrwürdiger Nacht, sind sie alle ans Licht gebracht.« Ostern im Licht, Ostern mit Blüten, Ostern in Gedanken, Ostern meditativ.

*Ostern provokativ*, so sagen die dritten und rufen zum Ostermarsch auf. Ich habe im Lexikon nachgelesen und zusammengezählt. Seit dem Jahr 1400 vor Christus gab es 3145 Kriegsjahre und nur 290 Friedensjahre. Allein 845 Kriege sind in den letzten 1000 Jahren von europäischen Nationen geführt worden. Seit dem ersten Brudermord hat es 9,7 Millionen im 1. Weltkrieg, 55 Millionen im 2. Weltkrieg und in den letzten zwei Jahrzehnten wieder 6 Millionen Kriegstote gegeben. Dagegen muß etwas getan werden. Menschen müssen auf die Straße. Der Frieden kann entwickelt werden. Ostern in Kolonnen, Ostern mit Spruchbändern, Ostern im Protest, Ostern provokativ. – Der Apostel Paulus meldet sich auch zu Wort:

*Ostern ultimativ*, sagt er und denkt an einen Osterbesuch auf dem Friedhof. An dieser Stelle fragt der Apostel nach der Auferstehung der Toten. Ostern läßt sich nicht auf dem Spaziergang diskutieren, sondern muß sich auf dem Friedhof realisieren. Und so fragt uns der Apostel auch nach der Auferstehung unseres eigenen Lebens. Ostern baut auf keine Philosophie, sondern traut der Theologie: Ich lebe, und ihr sollt auch leben.

# Der neue Mensch

Wenn uns schon eine neue Zeitung interessiert, noch vor dem Frühstück aus dem Briefkasten gezogen und gleich »verschlungen«, oder ein neues Auto mit all seinen vielen Extras, oder ein neues Haus, der Traum einer ganzen Familie – wieviel mehr interessiert die Frage: Gibt es ihn, den neuen Menschen? Der nicht vergilbt wie eine Zeitung, rostet wie ein Auto und Putz verliert wie ein Haus.

Gibt es diesen idealen, unsterblichen Menschen? Die Griechen meinten, ihn durch die Philosophie der Stoa schaffen zu können. Wer so lebte, hatte keine Angst vor einem Giftbecher. Mutig überschritt er die Todesschwelle. Auch die Römer wiesen auf diesen neuen Menschen hin. Er sah heroisch aus, man fand ihn auf allen Standbildern.

Auch die Aufklärung versuchte, ihn zu schaffen. Der neue Mensch, das war einer, der mit Vernunft die Welt regierte. Auch Karl Marx war von diesem neuen Menschen fasziniert. Er entwarf ihn in einer klassenlosen Gesellschaft. Er wuchs inmitten neuer Produktionsverhältnisse heran.

Auch das Dritte Reich redete von dem neuen Menschen. Er war ein blonder germanischer Kämpfer arischer Abstammung, dem »heute Deutschland und morgen die ganze Welt gehörte«.

Auch wir heute möchten den neuen Menschen schaffen, einen klugen, toleranten, demokratischen Leistungstyp.

Und dann ist da der Apostel Paulus. Er redet auch von ihm. Er sagt: »Zieht den neuen Menschen an.« Er meint aber nicht den neuartigen Menschen, der sich ständig auf der Modewelle hält und jeden Tag ein neues Gesicht hat. Er meint auch nicht den neuwertigen Menschen, der sich ungebraucht und ungenutzt vorkommt, wie ein Paar neuer Schuhe im Schuhgeschäft. Neuwertige Menschen sind junge Menschen, noch formbar. Auch die meint Paulus nicht. Er redet auch nicht von dem neuzeitlichen Menschen, der ohne den Ballast der Vergangenheit lebt. Für viele amerikanische Studenten z. B. beginnt die Geschichte der Welt erst mit dem Jahre 1945. In der Bibliothek einer der größten Universitäten Amerikas, im California Technical Institute, stehen nur noch zwei Biologiebücher in den Regalen, die älter als zwei Jahre sind. In diesem Fachgebiet zählt nur das Neueste. Alles Frühere ist überholt und lagert im Keller – neuzeitliche Menschen sind geschichtslose Menschen. Die meint der Apostel Paulus natürlich erst recht nicht.

Wenn Paulus den schillernden Begriff »neu« in den Mund nimmt, dann meint er neu im Sinne der Bibel. Wenn die Bibel von neu redet, meint sie nicht neuartig, neuwertig oder neuzeitlich, sondern original. Neu in der Bibel redet vom Glanz der Schöpfung, als es hieß: »Und siehe, es war alles sehr gut.« Wenn die Bibel neu sagt, versteht sie darunter das Licht des Paradieses, die Ursprünglichkeit, wo es um eindeutige Liebe, ungetrübte Freude und vollkommenen Frieden geht. Wenn Paulus von einem neuen Menschen redet, beschreibt er den liebenden, freundlichen und friedlichen Menschen, den wir »anziehen« sollen, in den wir hineinschlüpfen sollen.

## Nur eine Fassade

Wenn wir diesen neuen Menschen anziehen sollen, müssen wir uns überlegen, was wir bisher getragen haben. Wir werden feststellen, daß unsere bisherige Kleidung eine Fassade war, eine Kostümierung. Die Kostümierung beginnt beim Menschen schon mit 6 Jahren. Da trägt er eine gelbe Schülermütze, mit 18 Jahren eine Soldatenuniform, die ihn tapfer aussehen läßt, mit 20 ist er farbentragender Student oder jeanstragender Volontär, mit 30 knöpft er sich den weißen Mantel des Ingenieurs zu, legt sich die schwarze Robe des Richters um, oder schlüpft in die Latzhose des Maschinisten. Mit 40 hat er sich vielleicht um das alles noch ein christliches Mäntelchen geschlagen, und wenn er dann mit einem halben Jahrhundert auf dem Buckel zur 50er-Feier in die alte Heimat fährt, stürzen die ehemaligen Schulkameraden auf ihn zu und rufen: »Rund bist du geworden, der Kopf ist dir durch die Haare gewachsen! Aber sonst bist du ganz der Alte!« Auch die schönste Kleidung ist so fadenscheinig, daß darunter der alte Kerl durchblickt.

Ein Roman über Barrabas hat dieses Thema bedrückend ausgesponnen. Dieser Verbrecher will nach den Karfreitagsereignissen ein anderer werden. Er kleidet sich bürgerlich und taucht in der christlichen Gemeinde auf, aber er stößt sich an Petrus. Er wird im Sklavenanzug in eine Kupfergrube geworfen, mit einem frommen Leibeigenen zusammengeschmiedet, aber er kommt von seinen Flüchen nicht los. Er steht mit einer christlichen Brustmarke vor dem römischen Kommandanten, der ihn daraufhin anspricht: »Ist das dein Gott?« Er antwortet: »Ich habe keinen Gott.«

»Aber«, fragt der Römer zurück, »warum trägst du dieses Jüngerzeichen?« Langsam und enttäuscht kommt die Antwort: »Weil ich gerne so einer sein möchte, es aber leider nicht bin!« Barrabas bleibt Barrabas. Ich bleibe ich. Auch Goethe sagte im Faust: »Setz dir Perücken auf Millionen Locken, setz deinen Fuß auf ellenhohe Socken, du bleibst doch immer, was du bist.«

## Nur die Liebe

Auch unser Verstand sagt es: Der alte Mensch ist unser Schicksal. Wie können wir dann den neuen Menschen, von dem die Bibel redet, anziehen?

An Jesus Christus sehen wir, wie Gott in dieser Welt Mensch geworden ist. Da liegt es, das Jesuskind, in den Windeln und in einer Krippe. Die Freundlichkeit und Liebe unseres Gottes ist uns in diesem Kind erschienen. Es war nicht in Samt und Seide gekleidet als unnahbarer Herrscher, sondern es war in Tücher eingeschlagen, armselig, um uns seine Liebe zu zeigen, als Bruder. Seit Weihnachten kann keiner mehr behaupten, ihm sei niemand, nicht einmal seine eigenen Kinder, freundlich und herzlich begegnet. Schauen Sie in die Krippe. Die Freundlichkeit und Herzlichkeit liegt dort eingewickelt vor unseren Augen.

Und dann sehen Sie Jesus mitten in einer Volksmenge. Das Gedränge ist so groß, daß viele gar nicht nahe an ihn herankommen. Auch die Frau nicht, die seit Jahren an Blutfluß leidet. Schließlich schiebt sie ihren Arm durch die Menschen und berührt mit einem

Finger das Gewand, das Jesus trägt. Im selben Augenblick ist sie mit dem Kraftstromkreis dieses Mannes verbunden und wird gesund. Und dann sehen Sie Jesus in Kapernaum, spontan hilft er – voller Liebe zu den Menschen, die ihn brauchen.

Und dann sehen Sie Jesus im roten Purpurmantel, verhöhnt, verspottet, rohe Fäuste treffen ihn. Aber er läßt seinen Zorn nicht hochkommen. Er schreit nicht auf, er betet: »Vater, vergib ihnen, denn sie wissen nicht, was sie tun.«

## Nur das Kreuz

Wer sich einmal klarmacht, was Jesus in diesen Tagen ertragen hat, kann nicht mehr sagen, ihm sei nur Unrecht geschehen, er hätte nur Böses erfahren. Schauen Sie nach Golgatha: Gerechtigkeit und Vergebung hängt dort am Kreuz. – Und dann bleiben Sie vor dem Grab im Garten des Joseph von Arimathia stehen. Nur noch das Schweißtuch des Auferstandenen ist dort liegengeblieben. Seit Ostern kann keiner mehr behaupten, er sei mit seinem bevorstehenden Tod einer letzten Sinnlosigkeit ausgeliefert. Seit Ostern haben Tausende von Menschen die Wahrheit und Heiligkeit Jesu in ihrem eigenen Leben erfahren und bezeugt.

Jesus von Nazareth, der Gekreuzigte und von Gott Auferweckte, ist der neue Mensch. Nicht ich bin es, er ist es. Er ist der einzige, zu dem Gott unter Milliarden von Menschen das uneingeschränkte Ja sagen konnte. Er ist der einzige, dem Gott den Kosmos und die Menschenwelt anvertrauen konnte. Nur er hat alle Macht im Himmel und auf Erden.

Darum zeigt Gott an Jesus die Kleidung, die den neuen Menschen kennzeichnet. Jesus, eingeschlagen in die Windeln der Freundlichkeit und Herzlichkeit, angetan mit dem Rock der Hilfsbereitschaft und der Nächstenliebe, umschlossen von dem Mantel der Gerechtigkeit und Vergebung und bedeckt mit dem Schweißtuch der Wahrheit und Heiligkeit. Das, was er trägt, ist die Kleidung, die auch wir brauchen. Aber uns geht es wie den Leuten vor dem Schaufenster, die sich kritisch die Kleider betrachten und sagen: Das ist nichts für mich. Das ist nicht elegant genug.

## Nur das Herz

Vergessen Sie nicht, Jesus steht nicht hinter dem Schaufenster, sondern vor unserer Glastür. Jesus will nicht verkaufen, sondern verschenken. Jesus sagt: Das biete ich euch an, damit ihr frei werdet von allen Kostümierungen, die euch nicht befriedigen können. Durch eure schöngekleidete Fassade schaut euer Herz hindurch, traurig und verzweifelt. Dieses Herz geht mich an.

Ich bin für euch da. Wenn ihr das begreift, braucht ihr Kinder eure Eltern nicht mehr dauernd in Frage zu stellen. Wenn ihr mein Angebot annehmt, werdet ihr erfahren, was Freundlichkeit ist, und ihr werdet euren Eltern liebevoll begegnen können.

Gott erwartet Herzlichkeit von uns. Der Mann muß nicht dauernd der Frau klarmachen, wer der Herr im Haus ist. Auch sie muß nicht ständig nach ihrem Recht fragen. Sie wissen, wo sie ihre Schuld ablegen und anfangen können, miteinander neu zu werden – unter dem Kreuz.

Diese Vergebung bietet uns Jesus an. Durch ihn werden wir fähig, Freunden, Verwandten und Nachbarn, die uns verletzt haben, Liebe entgegenzubringen.

Aber Jesus erwartet auch Wahrheit von uns. Der Chef braucht seiner Sekretärin nicht zu befehlen: »Sagen Sie, ich bin nicht da.« Die Sekretärin braucht am Telefon nicht mehr zu lügen: »Der Chef ist dienstlich außer Haus.«

## Nur der ganze Mensch

Das neue Kleid ist kein Überwurf. Freundlichkeit und Herzlichkeit und Wahrheit decken unsere Ungerechtigkeit, Falschheit und Feigheit nicht einfach ab. Der Neue ist nicht der herausgeputzte Alte. Deshalb spricht der Apostel Paulus nicht vom Überziehen, sondern vom Umziehen: Legt das Alte ab und zieht das Neue an. Wo geschieht das, wo ist diese »Umkleidekabine«? Die Gebetskammer ist der richtige Ort dazu. Betende Hände sind zupackende Hände, sie geben nicht auf. Sie haben harte Arbeit bis zu jenem Tag, an dem unser Herr selbst Hand anlegen wird und sagt: »Siehe, ich mache alles neu.« Der neue Mensch ist seit Jesus keine Utopie mehr.

# Das Gespräch in der Nacht

Nikodemus hatte eine Idee. Ich meine keinen x-be-
liebigen Nikodemus, sondern den Dr. theol., Dr.
phil. und Dr. h. c. Nikodemus aus Jerusalem. Den
theologischen Doktorgrad hatte er als Pharisäer, als
Mitglied der 6000köpfigen Elitetruppe der Kirche, die
ihr ganzes Leben darauf verwendete, alle Einzelhei-
ten des mosaischen Gesetzes zu studieren und zu
befolgen. Den philosophischen Doktorgrad hatte er
als »Meister«, als Mitglied der 100köpfigen Professo-
renschaft der Universität, die ihr Leben darauf aus-
richtete, junge Studenten akademisch zu fördern und
zu begleiten. Den Dr. h. c. (ehrenhalber) hatte er als
»Oberster«, als Mitglied der 71köpfigen Richterver-
sammlung des Hohen Rats, die ihr ganzes Rechtspre-
chen darauf konzentrierte, alle Irrlehren aufzudecken
und auszuradieren.

Nikodemus war eine außerordentliche Persönlichkeit. Natürlich hatte er schon von diesem Jesus aus
Nazareth gehört, der am Jordan von einem Buße
predigenden Täufer hoch gepriesen wurde, der in
Kana mit einer merkwürdigen Verwandlung von
Wasser in Wein Aufsehen erregt und der im Tempel
durch einen energischen Rausschmiß die Leute wü-
tend gemacht hatte. Nikodemus wollte wissen, was

das für ein Mann war, dieser Jesus. Ein Dr. Nikodemus konnte sich nicht aufs Hörensagen verlassen, ein Professor Nikodemus sich nicht mit Gerüchten begnügen, ein Richter Nikodemus sich nicht auf Grund von Verdächtigungen ein Bild machen. Deshalb entschloß er sich, mit ihm ein ausführliches Gespräch zu führen.

Es ist immer besser, mit Jesus zu reden als über ihn zu reden. Das Gespräch sollte ein Zwiegespräch werden, eine Unterredung unter vier Augen. Und nachts sollte es stattfinden, in ruhiger Atmosphäre ohne andere Menschen, ohne Störungen. Es sollte auch ein Fachgespräch werden, ganz kollegial.

Zum Arzt kann man nur in die Sprechstunde kommen, zum Therapeuten nur nach Vereinbarung, ins Krankenhaus nur während der Besuchszeit. Zu Jesus jedoch kann man immer kommen. Seine Tür ist nie abgeschlossen, er ist immer gesprächsbereit.

So bat er auch Nikodemus herein. Doch aus dem eingehenden Gedankenaustausch, den sich Nikodemus gewünscht hatte, wurde nichts. Das erste, was wir dem Bericht, den das Johannes-Evangelium wiedergibt, entnehmen, ist

## eine harte Anfrage.

Denn kaum hatte der Besucher mit einer bewußt höflichen und professoral ausschweifenden Anrede die erste Gesprächsrunde beginnen wollen: »Meister, wir wissen, daß du ein Lehrer von Gott bist«, da fuhr ihm dieser Gotteslehrer gleich in die Parade. Er ließ ihn gar nicht zur Entfaltung seiner Thesen und Positionen kommen, Jesus schnitt ihm das Wort ab.

Der Sohn Gottes ist eben kein Kollege, der seine

Freude an unverbindlicher Philosophiererei hat. Er ist auch kein Psychotherapeut, der seine Hoffnung auf seelische Heilung in der vielgepriesenen »Klientorientierten Seelsorge« sieht.

Der Sohn Gottes ist der Repräsentant des Allerhöchsten, der ins Licht der Ewigkeit stellt. Wer diesen Jesus fragen will, muß sich darauf gefaßt machen, daß er von ihm gefragt wird. Wer mit ihm sprechen will, muß sich darauf einrichten, daß er von ihm angesprochen wird. »Wie du bist, Nikodemus, paßt du nicht in das Reich Gottes. Du mußt ganz anders werden, neu, von neuem geboren«, so lautet die harte Herausforderung. Nikodemus wiegt den gelehrten Kopf. Vielleicht war er ärgerlich: »Weiß dieser Nazarener überhaupt, wen er vor sich hat? Vielleicht sind ein paar innere Reparaturen an mir nötig. Natürlich, ich habe Fehler, schließlich bin ich nicht vollkommen. Aber vor einem radikalen Neuanfang kann doch keine Rede sein.«

Nie will es uns in den Kopf, daß wir so, wie wir sind, nicht zu Gott passen. Wir sind zwar kein Nikodemus mit dem Doktorhut, sondern nur Unbekannte mit dem Sonntags- oder Regenhut. Aber warum sollten wir einen radikalen Neuanfang brauchen? Wir haben doch einen Taufvermerk im Stammbuch. Auch die Konfirmation ist uns noch in guter Erinnerung. Natürlich haben wir auch die Hochzeit in der Kirche gefeiert. Und es vergeht kein Heiliger Abend, an dem wir nicht »Stille Nacht, heilige Nacht« singen.

Zugegeben, das Verhältnis zu den Schwiegereltern könnte entspannter sein, das Geben für Menschen in Not leichter fallen, das Gebet und Bibellesen mehr Zeit beanspruchen, aber im großen und ganzen sind wir doch recht nette Christen, mit denen sich Gott nicht blamieren muß.

Doch Jesus sagt zu denen, die meinen, beim Glauben gehe es nur um eine Altbausanierung des alten

Menschen: Du mußt ganz anders werden! Er sagt denen, die meinen, beim Glauben gehe es nur um eine neue Melodie auf dem alten Instrument: Du mußt ganz neu werden! Er sagt denen, die beim Glauben meinen, es gehe um ein Trostpflästerchen für das kranke Herz: Du mußt von neuem geboren werden!

Es gibt keinen unter uns, der ohne neue Geburt zu Gott paßt. Jesus sagt zu Nikodemus: »Wahrlich, ich sage dir, es sei denn, daß jemand von neuem geboren werde, so kann er das Reich Gottes nicht sehen.« Das ist die harte Anfrage. Nikodemus bleibt nur

## eine bange Rückfrage.

Wie ist das möglich? Alle anderen Themen waren plötzlich vom Tisch. Eine neue Geburt? Was meinte er damit? Schließlich war er ein Mann vom Fach, der die biblischen Schriftrollen genau kannte. Im Prediger Salomo hieß es: »Es geht dem Menschen wie dem Vieh; wie dieses stirbt, so stirbt er auch.« Gegen den ehernen Kreislauf von Geburt und Tod kann niemand an. Und ein Psalmwort sagte: »Ein Mensch ist wie Gras. Er blüht wie eine Blume auf dem Feld. Wenn der Wind darüber geht, ist sie nicht mehr da.« Die Natur kennt nur ein Werde und stirb, kein Stirb und werde. Von neuer Geburt steht nichts geschrieben.

Wir heute können diesen biblischen Befund bestätigen. Die Biologen sagen: Der Mensch ist durch seine Erbanlagen ein für allemal festgelegt. Auch eine moderne Gentechnologie wird daran nicht rütteln können. Die Psychologen sagen: Der Mensch wird durch seine frühkindlichen Erlebnisse geprägt. Die Vergangenheit bestimmt die Gegenwart. Goethe sagte: Du entwickelst dich »nach dem Gesetz, wonach du an-

getreten, so mußt du sein, dir kannst du nicht ent-
fliehen«.

Alle sind sich darin einig, daß kein Mensch wieder
neu werden kann. Wir sind »verdammt in alle Ewig-
keit«. Deshalb die bange Rückfrage des Nikodemus:
»Wie ist neue Geburt möglich?« Und Jesus antwortet:
»Aus Wasser und Geist.« Nikodemus denkt an das
Wasser zum Trinken, das aus dem Berg herausfließt.
Doch Jesus denkt an das Wasser der Taufe. Er selbst
war in den Jordan gestiegen und untergetaucht wor-
den. Dieses Taufwasser ist nötig zur Reinigung von
Sünden.

Und der Geist? Nikodemus denkt an den Geist des
Menschen, der aus dem Gehirn herauskommt. Jesus
aber meint den Geist des Vaters, der vom Himmel
herabkommt. Er selbst hatte die Ausgießung des Heiligen Geistes erfahren. »Diesen Gottesgeist«, versuchte er Nikodemus klarzumachen, »brauchst du zum
Leben.«

Seit Pfingsten gibt es Wasser und Geist, Taufe und
Abendmahl, Wort und Sakrament und damit auch das
neue Leben. Keiner muß durch seine Genstruktur ein
für allemal festgelegt, keiner durch seine Kindheit für
immer vorbestimmt, keiner durch sein Schicksal ewig
angekettet sein. Jeder kann durch dieses Wasser wieder sauber und von Gottes Geist geistlich erfüllt werden. Jeder kann durch Jesus neu werden. Albert Ein-
stein, wohl einer der klügsten Männer, die auf dieser
Erde gelebt haben, sagte im Jahr 1950 zur heiß disku-
tierten Atomfrage: »Nicht die Atombombe in der
Hand des Menschen ist das Problem von heute, sondern der Mensch selber.« Und dieser Mensch muß
nicht der alte bleiben. Seit Jesus Christus ist die neue
Geburt Realität. Damit wurde die bange Frage des
Nikodemus zu

# einer klaren Entscheidungsfrage.

Wie ein Bumerang kam es auf ihn zurück. Willst du denn anders werden, willst du denn neu werden, willst du denn die Wiedergeburt durch Wasser und Geist? Die erste Geburt geschieht uns, ohne daß wir etwas dazu tun können. Ich wurde bei meiner Geburt nicht gefragt, ob ich das Geschenk des Lebens überhaupt annehmen will. Auch Sie wurden bei Ihrer Geburt nicht gefragt, ob Sie als Mann oder Frau durch dieses Leben gehen möchten. Keiner von uns wurde gefragt, ob er diesen Vater und diese Mutter als Eltern akzeptieren würde. Niemand wurde bei seiner Geburt nach irgend etwas gefragt.

Bei der neuen Geburt ist das ganz anders. Sie wird keinem aufgezwungen. Wer mit der Schuld seines Lebens selber fertig werden will, soll es tun. Wer die Last seines Lebens selber tragen will, kann es versuchen. Wer die Probleme seines Lebens selber lösen will, soll sich damit abquälen. Jesus bietet das Geschenk eines neuen Lebens nur dem an, der darum bittet. Ob wir nicht doch die Hände falten sollten und mitten in unserer Angst, unserem Schmerz, angesichts des Todes, der auf uns zukommt, beten sollten: Herr, komm du in mein Leben?

Willst du neu werden? Professor Dr. Nikodemus ist über alledem zum stummen Zuhörer geworden. Schließlich geht er irgendwann in der Nacht still davon. Doch später wird noch einmal von ihm berichtet. Als man Jesus in das Felsengrab des Joseph von Arimathia gelegt hatte, als der Lärm des schrecklichen Karfreitags verebbt war und sich eine tiefe Stille über dem Garten mit dem Grab ausgebreitet hatte, da stand der kluge Mann plötzlich noch einmal in der Grabkammer. Tiefgebeugt legte er Myrrhe und Aloe am Leichnam Jesu nieder.

Ob er diesen Herrn doch verstanden hat? Ob er die neue Geburt doch erbeten hat? Oder ob er zeitlebens nur ein Frager, Sucher und Zweifler geblieben ist? Wir wissen es nicht. Wichtig ist nur, daß die Entscheidungsfrage auch uns gestellt ist, jedem persönlich, direkt. Willst du die neue Geburt? Willst du das neue Leben? Willst du dieses Geschenk durch Wasser und Geist? Willst du?

# Mein Name ist Feld

**Lesen Sie dazu auch Epheser 1,3–14**

Es ereignete sich in einem Krankenhaus. Der Krankenhauspfarrer ging durch die Reihen, grüßte, tröstete und ermutigte die Patienten. Am Bett eines jungen Mannes aber blieb er länger stehen. Auf der Fiebertabelle las er den Namen Feld.

»Feld?« buchstabierte der Geistliche, »Feld habe ich noch nie gehört.« Der Kranke zuckte zusammen und drehte sich auf die andere Seite. »Entschuldigung«, sagte der Pfarrer und legte seine Hand auf den Arm des Patienten, »es war nur Neugier. Ich wollte Sie nicht verletzen.«

Plötzlich brach es aus dem Bettlägerigen heraus, so laut, daß der ganze Saal mithören konnte: »Ja, ich heiße Feld, wirklich Feld, nur Feld. Man hat mich nämlich damals auf dem Feld gefunden, direkt neben der Autobahn wurde ich als Wickelkind ausgesetzt. Die Mähmaschine ratterte knapp an mir vorüber. Doch ein Lastwagenfahrer entdeckte mich. Er gab mir den Namen des Fundortes. Sehen Sie mich an«, schrie er verzweifelt, »ich bin nicht erwünscht, ich bin nicht gewollt, ich bin nicht geliebt. Ich bin ein Findelkind. Ich heiße Feld, wirklich Feld, nur Feld!«

Unsere Welt ist zu einem Krankenhaus geworden. Das Leben ist wie ein Leiden. Jeder trägt seine Lasten. Der Dichter Heinrich Heine sagt in seinen »Reisebildern«: »Das Leben ist eine Krankheit, die ganze Welt ein Lazarett, der Tod unser Arzt.«

Immer mehr Menschen meinen, neben ihrer Fieberkurve stünde der Name »Feld«. Ein herzloser Vater habe sie auf dieser Erde ausgesetzt. Dann sei er mit leisen Sohlen für immer verschwunden. Nun läge es offen zutage, daß sie nicht gewollt, nicht erwünscht, nicht geliebt seien. Findelkinder müsse man sie nennen, mit Namen Feld. Gott sei's geklagt!

Der Apostel Paulus aber sagt: »Gott sei gelobt!« Auf dem Feld wurde niemand ausgesetzt, sondern über dem Feld von Bethlehem setzte der Lobpreis ein: Ehre sei Gott in der Höhe und Friede auf Erden und den Menschen ein Wohlgefallen! Als Wickelkind kam Jesus auf diese Welt. Auch der Kleinste, Ärmste und Schwächste sollte es merken, daß ihn dieser Vater liebhat.

Jeder ist gewollt, selbst wenn ihn seine Eltern nicht gewollt haben. Jeder ist erwünscht, selbst wenn ihn seine Nächsten verwünschen. Jeder ist geliebt, selbst wenn ihn seine Umgebung haßt. Keiner ist bei diesem Gott übrig. Der Mensch ist kein Findelkind, sondern Gottes Lieblingskind, Sorgenkind und Herrenkind.

Ich bin Kind, wirklich Kind, nur Kind. Verstehen Sie jetzt, warum der Apostel Paulus in seinem Brief an die Epheser mit dem Lobpreis beginnt: »Anbetung und Dank, Gott und dem Vater unseres Herrn Jesu Christi! In ihm hat er eine Fülle geistlichen Segens über uns ausgeschüttet, der nicht von dieser Welt ist. In ihm hat er uns auserwählt, bevor dieser Kosmos geschaffen wurde... Seine Söhne dürfen wir sein durch Jesus Christus. Das hat er so in seiner Liebe vorausbestimmt. Das war sein gnädiger Wille über uns.«

Einstimmen können wir in diesen Jubel: Gelobt sei Gott, der Vater unseres Herrn Jesus Christus, der uns als Lieblingskinder erwählt, als Sorgenkinder erlöst, als Herrenkinder ernannt hat.

## Erwählte Lieblingskinder

Das sind wir, denn »er hat uns erwählt, ehe der Welt Grund gelegt war«. Gott hat also ein ganz eigenes und einzigartiges Auswahlprinzip. Er wählt anders als z. B. Gideon. Dieser Kämpfer aus dem alten Israel plante einen Überraschungsangriff gegen die Grenznachbarn. Dazu benötigte er einen schlagfähigen Stoßtrupp. 33 000 Mann meldeten sich freiwillig. Er schickte jedoch zweimal die Hälfte von ihnen wieder nach Hause. Nur 300 der Besten behielt er bei sich. Gideons Auswahlprinzip war der Mut.

Aber Gott wählt anders, auch anders als z. B. David. Als David vor dem tobenden König Saul flüchtete, tauchte er im Feindesland unter und versuchte von dort, seine militärischen Operationen fortzusetzen. Er nahm nur 600 Verbündete mit auf seine Flucht, doch es waren Leute, auf die er sich absolut verlassen konnte. Davids Auswahlprinzip war die Treue.

Aber Gott wählt anders, auch anders als der König Salomo. Er baute in Jerusalem einen Tempel, eine prächtige Anlage mit Innenhof und Vorhöfen. Von weitem kamen die Menschen, um sich dieses architektonische Kunstwerk anzuschauen. Doch man öffnete die Tore nur für die Juden, die Heiden blieben ausgesperrt. Salomos Auswahlprinzip war die Religion. Aber Gott wählt anders, ganz anders. Sein Auswahlprinzip ist die Liebe. Er mustert nicht die Mutigen aus, er siebt nicht die Treuen aus, er wählt nicht die Religiösen aus, er liest nicht eine bestimmte Klasse aus: »Was töricht ist vor der Welt, das hat Gott erwählt. Und das Unedle vor der Welt und das Verachtete, das hat Gott erwählt.« Wir haben einen Gott, der vor Gründung der Welt an uns gedacht hat, einen Vater, der seit aller Ewigkeit seine Augen auf uns gerichtet, einen Herrn, der sein Herz von Anfang an uns zugewandt und geöffnet hat. Seine Kinder sind keine namenlosen Ameisen in einem großen Haufen. Sie sind keine seelenlosen Gartenzwerge in einem schönen Paradies. Sie sind keine unpersönlichen Inventarstücke in einer bunten Welt. Seine Kinder sind Lieblingskinder.

Und wenn uns Zweifel plagen, weil es im Abitur nicht so geklappt hat, weil der Ausbildungsplatz nicht sicher ist, weil die Berufsaussichten alles andere als rosig sind, dann müssen wir es hören: Er hat uns erwählt. Und wenn Depressionen uns zu schaffen machen, weil wir allein sind, weil wir einsam zu Hause sitzen, weil uns niemand zum Freund gewählt hat, dann müssen wir es hören: Er hat uns erwählt. Erwählte Lieblingskinder, das sind wir.

Trotzdem hat er seine liebe Not mit uns. Immer wieder entscheiden wir uns gegen ihn. Immer wieder laufen wir ihm aus den Fingern. Immer wieder wollen wir ohne ihn leben. Doch ohne Gott leben wollen, ist Sünde. Ohne Gott denken wollen, ist Sünde. »Sünde ist«, so hat es der bedeutende Theologe Paul Schütz einmal gesagt: »Sünde ist die Kunst des Lebens ohne Gott.« Solche Lebenskünstler aber sind die Sorgenkinder des Vaters. Wenn er sich dennoch nicht verbittert zurückzieht und uns links liegen läßt, dann nur deshalb, weil das Zweite gilt:

# Erlöste Sorgenkinder

Das sind wir, »erlöst durch sein Blut, haben wir die die Vergebung der Sünden nach dem Reichtum seiner Gnade«. Gott hat also ein eigenes und einzigartiges Erlösungsprinzip. Der Dichter Goethe z. B. sieht das ganz anders. Er sieht in uns genug Kräfte, mit denen wir uns aus dem Sumpf der Sünde selbst erheben können: »Wer immer strebend sich bemüht, den können wir erlösen«, heißt es in seinem »Faust«. Sein Erlösungsprinzip ist das Streben.

Aber Gott löst anders, auch anders als der Schriftsteller Jean-Paul Sartre. Für ihn sind alle Sünden nur lästige Fliegen, die man verjagen kann. Niemand müsse sich von ihnen plagen lassen, sagt er. Sartres Erlösungsprinzip ist das Verjagen.

Doch Gott löst anders, anders auch als Mark Twain in einem Reisebericht beschreibt. Twain schildert die Fahrt mit einer Bergbahn über eine schwache Holzbrücke: »Man gedenkt aller seiner Sünden, während der Zug darüberkriecht, und bereut sie auch. Aber sobald man die andere Seite erreicht hat, sieht man, daß man sie wirklich vergessen kann.« Twains Erlösungsprinzip ist das Vergessen.

Gott aber löst anders, ganz anders. Sein Erlösungsprinzip ist wieder die Liebe. Mit Streben, Verjagen, Vergessen ist der Sünde nicht beizukommen, nur mit Blut. Blut ist das Säurebad, das wegätzt. Nur Blut tilgt Sünde. Und genau das hat Gott fließen lassen, so daß er sich seinen einzigen Sohn vom Herzen riß.

Wir können uns dieses Vater-Sohn-Verhältnis nicht eng genug vorstellen. Wenn wir unseren Jungen lieben, der das Haus mit Freude erfüllt und den wir für keinen Goldschatz dieser Erde hergeben würden, so ist das nur ein schwaches Abbild für den innigen Kontakt zwischen Gott-Vater und Gott-Sohn. Nicht umsonst pflegten die Kirchenväter diesen Sachverhalt in die unlogische Formel zu pressen: zwei in eins und eins in zwei. Gott ist ohne Jesus nicht vorstellbar und Jesus ohne Gott nicht denkbar.

Trotzdem wurde Jesus aus Liebe dahingegeben, geschändet, gepeitscht, genagelt, bis Blut geflossen ist. In diesem Strom ist das große Reinemachen möglich. Nur in diesem Strom können wir gewaschen werden. Allein in diesem Strom gibt es Erlösung von Schuld. Martin Luther erklärt dazu: »Daß Jesus Christus am Kreuz für die Sünde verblutet ist, das wissen auch die Teufel und zittern! Daß er aber für meine Sünde verblutet ist, damit beginnt der Glaube.«

Und selbst wenn uns der Zweifel peinigt, ob denn das auch für uns gilt, müssen wir hören: Er hat uns erlöst. Und wenn uns Depressionen zu schaffen machen, ob denn unsere Schuld, die wir keinem Menschen anvertrauen können und die in jeder schlaflosen Nachtstunde wie ein Berg vor uns steht, nicht doch zu groß sei, müssen wir es hören: Er hat uns erlöst. Erlöste Sorgenkinder, das sind wir. Wer aber nun die Christen mit verwöhnten Kindern verwechselt, die sich nur noch in den Schoß des Vaters retten, der höre auch noch das Letzte:

# Ernannte Herrenkinder

Das sind wir, »denn er hat uns ernannt, daß wir etwas seien zum Lob seiner Herrlichkeit«. Erinnern wir uns noch einmal an Gottes eigenes und einzigartiges Ernennungsprinzip. Er ernennt anders als z. B. der Bundespräsident. Der kann nur dem Kanzler eine Ernennungsurkunde aushändigen, der vom Parlament gewählt worden ist. Sein Ernennungsprinzip ist die Wahl.

Aber Gott ernennt anders, auch anders z. B. als das Nobelpreiskomitee. Das macht den zum Preisträger, der am meisten geleistet hat. Leistung ist hier das Ernennungsprinzip.

Aber Gott ernennt anders, auch anders als der Rektor. Er bestimmt den zum Vertrauenslehrer, der das meiste Vertrauen an der Schule genießt. Sein Ernennungsprinzip ist das Vertrauen.

Doch Gott wählt anders, ganz anders. Sein Ernennungsprinzip ist noch einmal die Liebe. Ohne Wahl, ohne Vertrauen adelt er uns zur Sohnschaft. Er sagt es nicht nur mündlich, er gibt es auch schriftlich. Er macht es mit dem Siegel des Heiligen Geistes sogar amtlich: zum Herrenkind ernannt. Und weil dieser Adel verpflichtet, sollen wir uns auch dieses Standes würdig erweisen. Geld verdienen kann doch nicht mehr das erste sein, wenn es um das Lob der Herrlichkeit Gottes geht. Karrieremachen kann auch nicht mehr das Wichtigste sein, wenn wir Gott an die erste Stelle setzen. Ob als Stift oder Chef, als Angestellter oder Beamter – wir sind nur etwas, wenn wir es zum Lob seiner Herrlichkeit sind.

Und wenn wir Zweifel daran haben, daß dieses Adoptiertsein von Gott für uns zu gewaltig ist, müssen wir es noch einmal hören: Er hat uns ernannt. Und wenn uns Depressionen zu schaffen machen, ob denn unsere Kleinkariertheit, Engstirnigkeit und Widerborstigkeit ihm nicht doch Schande bereitet, müssen wir es hören: Er hat uns ernannt. Darauf dürfen wir uns immer wieder neu verlassen. Er hat uns erwählt, seine Kinder sind wir geworden, geistlich adoptiert. Herrenkinder, das sind wir.

# ...und die einen sind im Dunkel

Im Vorbeigehen sah Jesus einen Menschen, der von Geburt an blind war. Da fragten die Jünger ihn: »Meister, wer hat hier gesündigt: dieser Mensch oder seine Eltern, daß er blind zur Welt kam?« Jesus antwortete: »Weder er noch seine Eltern haben gesündigt, sondern die Werke Gottes sollten an ihm offenbar werden. Ich muß die Werke dessen tun, der mich gesandt hat, solange es Tag ist. Es kommt die Nacht, da niemand mehr arbeiten kann. Solange ich in der Welt bin, bin ich das Licht der Welt.«

Nach diesen Worten spuckte er auf den Boden, machte mit dem Speichel einen Brei, strich ihn dem Blinden auf die Augen und sagte zu ihm: »Geh hin und wasche dich im Teich Siloah!« Er ging hin, wusch sich und kam sehend zurück. (Johannes 9,1–7)

## Medizinisch nichts zu machen

Medizinisch gesehen war er ein hoffnungsloser Fall, dieser blinde Bettler in einer Gasse Jerusalems. Der Arzt zuckte bedauernd die Achseln: »Der Mann hat kein Trachom, das mit Medikamenten zum Stillstand gebracht werden könnte. Er hat auch keinen Star, den man mit einem chirurgischen Eingriff beseitigen könnte, noch leidet er an einem zu hohen Zuckerspiegel, der mit geeigneter Diät gesenkt werden könnte. Nein, diesem Bettler fehlt der Sehnerv. Er wurde blind geboren, er hat eine negative Erbanlage. Medizinisch gesehen ist ihm nicht zu helfen.«

## Noch kein sozialer Härtefall

Auch seine soziale Situation war aussichtslos. In Jerusalem wimmelte es von solchen, die mit ausgestreckten Händen die Fußgängerzone belagerten und mit ihren umgestülpten Mützen die Gehwege blockierten. Und darunter waren viele ärmer als er, solche, die keine Eltern mehr zu Hause und kein Dach über dem Kopf hatten.

Der Sozialfürsorger winkte energisch ab: »Du hast ja noch Vater und Mutter. Geh zu ihnen. Sie haben die Sorgepflicht, nicht wir. Auf unserer Warteliste stehen ganz andere Härtefälle.«

## Aber bestimmt ein schwarzes Schaf

Doch auch in religiöser Hinsicht war dieser Mann ein schwarzes Schaf. Die Gottesdienstbesucher, die über seinen weißen Stock stolperten, hatten im Unterricht beim Rabbi gelernt, daß sich in jedem menschlichen Schicksal die göttliche Gerechtigkeit widerspiegelt: Jedem geht es so, wie er es verdient hat. Gott zahlt heim, »Maß gegen Maß«. Sie glaubten an einen Gott, der die Menschen vom Himmel aus beoachtet, die guten Taten belohnt, die bösen Taten bestraft. Deshalb ließen sie den Penner wissen: »Du bist in Sünden geboren. Du hast nur Dreck am Stecken. Du gehörst nicht zu uns.« Sicherlich warfen sie ihm manchmal einen Groschen in den Hut, aber das änderte nichts an ihrer Überzeugung: Er war an seinem Schicksal selbst schuld.

Wer medizinisch aufgegeben, sozial abgeschrieben und religiös abgestempelt ist, lebt wirklich in der Dunkelheit. Man muß vielleicht einmal den Roman von Max Frisch gelesen haben: »Mein Name sei Gantenbein«, um die schmerzlichen Erinnerungen eines Blinden zu begreifen, der nicht nur die Sonne vermißt, das Blau des Himmels, das Grün der Bäume, das Rot und Gelb der Blumen, sondern auch die Liebe der Menschen.

## Dem begegnet Jesus

An so einem Menschen kommt Jesus vorbei. Er kreuzt seinen Weg. Eine aufregende Begegnung findet statt zwischen dem einen, der sagen muß: »Ich bin im Dunkel der Welt«, und dem anderen, der sagen kann: »Ich bin das Licht der Welt.« Tag und Nacht fallen hart aufeinander. Wie wird Jesus reagieren – bedauernd die Achseln zucken wie der Arzt – energisch abwinken wie der Sozialfürsorger – oder den moralischen Zeigefinger heben wie die Gottesdienstbesucher? Wie reagiert Jesus?

Er handelt anders als die Menschen, die Bert Brecht in der »Dreigroschenoper« beschreibt: »Die einen sind im Dunkel und die andern sind im Licht. Und man sieht nur die im Lichte, die im Dunkel sieht man nicht.« In unserer Welt gilt die Aufteilung: Die einen logieren im Keller, die anderen residieren im Bungalow. Und man kennt die im Bungalow, die im Keller kennt man nicht. Mit dieser unmenschlichen Trennung hat sich Jesus nie abgefunden.

Er wurde in Bethlehem geboren, er kam in einem Hinterhaus zur Welt. Er lebte in Galiläa, Samaria und Judäa. Im Elendsviertel nahm er Quartier, in Jerusalem starb er, im Felsengrab wurde er bestattet. Aber im Kidrontal zerschnitt das Osterlicht alle Finsternis. Im Dunkel der Welt machte Jesus Licht. Darum sah er den, der blind geboren war, dem der Arzt nicht helfen konnte, den der Fürsorger wegschickte, den die Frommen brandmarkten.

## Er führt vom »Warum« zum »Wozu«

Jesus schaut bei hoffnungslosen Fällen nicht weg. Er blickt nicht an traurigen Schicksalen vorbei. Jesus sieht jeden. Auch die, die jetzt arbeitslos auf der Straße sitzen und die, die wegen Krankheit und Alter einfach beiseite geschoben werden. Er geht an ihnen vorüber und schaut sie an. Barmherzig wendet er sich an die Menschen, die angesichts waffenstarrender Völker blind vor Angst sind. Solange Jesus uns im Auge hat, ist nichts verloren.

Er bringt Licht in das Dunkel der quälenden »Warum-Fragen«: Warum muß ausgerechnet dieser Mann blind sein? Warum muß er ein so schweres Schicksal tragen? Diese Warum-Fragen kennen wir auch. Warum muß ausgerechnet ich meine Arbeitsstelle verlieren? Warum hat dieser Mann, den wir kennen, so undankbare Kinder? Warum hat der Schwiegervater Krebs bekommen? Bei all diesen Fragen suchen wir nach Antworten. Ist das die Strafe für eine Schuld, die wir oder andere auf sich geladen haben? Oder rächt sich da die Schuld der Eltern an den Kindern?

Jesus zeigt in die Zukunft. Er verwandelt die Warum-Frage in die Wozu-Frage. Die Menschen fragen: Warum ist das so? Jesus aber fragt: Wozu ist das so? Er verwandelt die kausale Frage in die teleologische Frage. Die Menschen fragen: Woher kommt das? Jesus fragt: Wohin führt das? Die Leute fragen: Warum ist er blind? Jesus fragt: Was für ein Ziel verbirgt sich dahinter? Die Blindheit ist zu etwas da, die Behinderung hat etwas zu sagen. Die Krankheit hat einen letzten, tiefen, unantastbaren Sinn: An ihr soll Gott groß werden. Mit ihr soll Gott diesem Blinden begegnen. Das ist Licht im Dunkel: Nichts, was uns an Schwerem und Unverständlichem begegnet, ist letztlich sinnlos. Jeder Abend weist auf den Morgen, jede Nacht auf den kommenden Tag.

Der Dichter Stefan Andres schrieb in seinem Lebensbericht. »Heute danke ich meinem Unglück, daß es mich durch zehn Jahre arm, unbekannt und einsam ließ und dadurch in die Nähe Gottes trieb.« Und der französische Widerstandskämpfer und Universitätsprofessor Jaques Lusseyran, der mit acht Jahren beide Augen verlor, bekannte in seinen Erinnerungen an die schrecklichen Jahre im KZ Buchenwald: »Jeden Tag danke ich dem Himmel dafür, daß er mich als Kind blind werden ließ. Dadurch traf ich auf die Freude, die nicht von außen kommt und auf das Licht, das selbst dann in uns ist, wenn wir keine Augen haben.«

Warum fällt es uns so schwer, das auch zu sagen, etwa im Hinblick auf unsere Krankheit: An ihr soll mir Gott groß werden! Im Blick auf unsere Behinderung: Mit ihr soll mir Gott begegnen.

## Er öffnet seine Augen

Als Jesus vor dem Blinden stand, rührte er einen Brei an, legte ihm den Brei auf die Augen und befahl: »Geh hin zum Teich Siloah und wasch dich!« Der Mann gehorchte und wurde sehend. So werden alle Blinden einmal die feinsten Strichzeichnungen eines Albrecht Dürer sehen, alle Gehörlosen einmal die zartesten Pianissimi eines Mozart vernehmen, alle Gelähmten einmal die versteiften Lendenwirbel bewegen können. Wo Jesus ist, dauern die Leiden nicht ewig.

Was geschieht mit unserem Blinden, als er plötzlich sehen kann? Wird er dadurch glücklich? Jetzt sieht er zum erstenmal die neugierigen Nachbarn. Sie eilen nicht etwa auf ihn zu und schütteln ihm die Hände, nein, sie gaffen ihn an und stellen peinliche Fragen. Jetzt sieht er mit eigenen Augen die selbstgefälligen Pharisäer. Sie sprechen keineswegs ein Dankgebet, sondern nehmen ihn ins Kreuzverhör und schließen ihn dann aus der Kirche aus. Und nun sieht er auch zum erstenmal die Eltern. Sie machen nicht etwa die Haustür auf und geben ein Fest für ihn, sondern distanzieren sich kühl und wenden sich ab.

## Er erkennt seinen Herrn

Doch Jesus tut noch ein zweites Wunder: *Zum Augenlicht kommt das Glaubenslicht hinzu. Der Mann erkennt in dem, der ihn gesund gemacht hat, den Sohn Gottes.* Vielleicht hat er vorher nur gedacht, Jesus sei ein Wunderdoktor, ein Heilungskünstler, ein Supermann. Jetzt aber sieht er nicht nur das Licht der Sonne, sondern auch das Licht der Welt. Und dieses Licht ist heller als tausend Sonnen. Kein Irrlicht, das ein paar armselige Jünger an der Nase herumführt, kein Stopplicht, das Wege verbietet, kein Blaulicht, das einen Unfall markiert, kein Rücklicht, das nur die Vergangenheit erhellt. Jesus ist Flutlicht. Vor ihm fliehen die Schatten. Im Dunkel der Welt geht das

Licht der Welt auf. Selbst die Nacht des Todes muß vor diesem Licht fliehen. Jeder braucht dieses Licht. Darum lassen Sie uns bitten:

>>Gib uns Augen,
die was taugen,
rühre meine Augen an.
Denn das ist die größte Plage,
wenn am Tage,
man das Licht nicht sehen kann.<<

# Zehn Teile Armut

Der Redakteur einer angesehenen Tageszeitung bekam einen eigenartigen Auftrag. Er sollte die Gemeinde Jesu suchen, das Volk Gottes. Mit Bleistift und Notizbuch machte er sich auf den Weg.

Lange war er unterwegs. Dann trug er das Ergebnis bei einer Tagung vor: »Das Volk Gottes ist heute unauffindbar.«

Sicher hat dieser junge Mann Kirchen gesehen, herrliche Dome oder auch schlichtere Gotteshäuser. Bestimmt hat er Kirchenverwaltungen besucht, Karteikästen angesehen und mit Gemeindeältesten Kaffee getrunken. Aber was er suchte, fand er nicht. Und er schrieb: »Das Volk Gottes ist heute unauffindbar, weil es weithin ein Volk dieser Welt geworden ist und sich seiner besonderen Berufung nicht mehr bewußt ist.«

Ich denke an den Apostel Petrus. Er war Kirchenältester der Gemeinde in Jerusalem. Nach der Ermordung des Stephanus flohen viele Gemeindemitglieder aus der Stadt. Sie tauchten in anderen Städten und Dörfern unter. Aber wo waren sie? Konnten sie überhaupt wieder Fuß fassen und ihren Glauben praktizieren, oder hatte dieser Saulus, der sie verfolgte, mit seinem Geheimdienst ganze Arbeit geleistet?

Petrus wollte Antwort auf diese Fragen. Mit Wanderstock und Reisetasche machte er sich auf den Weg. Nach zwei Tagen anstrengenden Marsches durch das jüdische Gebirge tat sich vor ihm die Saron-Ebene auf. Da gab es zwei Städtchen, Lydda und Joppe, das heutige Jaffa, das durch schmackhafte Jaffa-Orangen und saftige Grapefruits bekannt ist.

Damals wuchs dort kein Baum. Jaffa war bitterarm. Ein jüdischer Chronist schrieb: »Zehn Teile Armut sind in der Welt, neun Teile in Lydda und Jaffa, ein Teil in der ganzen übrigen Welt.« Trotzdem war dort die Gemeinde Jesu zu finden. Sicher gab es keine Kirche, keine Registratur und kein Gemeindehaus, aber es gab Christen. Die Gemeinde lebte. Die Verfolgung in Jerusalem hatte nicht eine Vernichtung, sondern eine Vermehrung der Christen bewirkt. Die Verfolgten wurden nicht in die Enge getrieben, sondern gerade in die Weite des Landes. So ist das immer. Wo wir Sackgassen befürchten, da ist Gottes Durchgangsstraße. Petrus hat über seine Beobachtungen später auf dem Apostelkonzil Bericht erstattet: Das Volk Gottes ist auffindbar. Und zwar ist es dort, wo Menschen helfen angesichts der Not, und wo Menschen hoffen angesichts des Todes.

Ein Beispiel dafür ist Tabea, genauer Tabitha, d. h. Gazelle. Die Verfolgungswelle hatte sie bis in diesen öden Landstrich geschwemmt. Ich stelle mir vor, daß sie da auf der Straße stand mit ihren paar Habseligkeiten und kein Mensch sich um sie kümmerte. Denn Tabitha war als Ledige ohne jeden Rechtsanspruch und Rechtsschutz. Schließlich fand sie Unterschlupf bei mitleidigen Leuten, die ihr eine Kammer anboten. Dort lebte sie in größter Einsamkeit. Aber einige Monate später war sie zur Mutter der Gemeinde, zur Seele des Ortes, zur Diakonin von Joppe geworden. Wie kam das?

# Keine Selbstverbraucher

Es wird von ihr ausdrücklich berichtet, daß sie eine Jüngerin Jesu gewesen sei, die den Befehl am Pfingstmorgen ernst nahm: Ihr sollt meine Zeugen sein. So wird sie darum gebetet haben, Quelle im Boden zu sein, von der nach Jesu Worten Ströme des lebendigen Wassers ausgehen. Deshalb griff Tabitha nach Schere und Stoff, nach Nadel und Faden und fertigte Kleider für die Armen an. Und sie machte Besuche. Sie wartete nicht erst darauf, daß jemand zu ihr kam. Sie suchte die Bedürftigen und Kranken und Alten auf. Die merkten sehr schnell: In Joppe gibt es einen Menschen, der für uns ein Herz hat. Und Tabitha stellte fest: Wenn ich zu anderen gehe und mich um sie kümmere, dann durchbreche ich meine Einsamkeit.

Dabei merken wir deutlich: Glaube ist nicht zum eigenen Verbrauch bestimmt. Selbstverbraucher des Glaubens werden einsam. Glaube will transportiert werden. Notleidende warten darauf.

Tabitha kannte ihre Adressen. Kennen wir auch die Wohnung, wo der Vater arbeitslos ist und für sechs Menschen nur eine kleine Unterstützung bezieht? Kennen wir das Haus, wo eine Mutter erkrankt ist und den Haushalt nicht mehr versorgen kann? Kennen wir die Krankenanstalt, in die der alleinstehende Mann eingeliefert worden ist und auf einen Besuch wartet? Kennen wir das Altersheim, in dem seit einem Jahr der Nachbar untergebracht ist, der sich nicht mehr allein bewegen kann? Diakonie ist nicht das Steckenpferd einiger Leute, sondern ein Lebenszeichen der Gemeinde.

# Keine Aktionen

Sie fragen vielleicht, ob die Liebestätigkeit jener Frau angesichts des Ausmaßes der Not nicht ein bißchen handgestrickt gewesen sei. Was nützen denn schon ein paar Strickstrümpfe bei der grassierenden Not. Täte man nicht besser, eine Aktion »Brot für die Saron-Ebene« zu gründen oder etwa einen Umsturz der herrschenden Unrechtsstrukturen anzuzetteln? Was bedeutete schon so ein kleines Werk angesichts des großen Elends?

Aber unter dieser kritischen Anfrage steht alle christliche Nächstenliebe. Auch wenn sich Tabitha in der Gemeinde »vervielfacht«, auch wenn alle begreifen, was Jesus von uns erwartet: Wir werden das Elend der Welt nicht bewältigen können. Trotzdem brauchen wir viele Tabithas, denn sie sind notwendige Zeichen und deuten auf den Herrn hin, der wiederkommen und seinen Leuten sagen wird: »Ich bin hungrig gewesen, und ihr habt mich gespeist. Ich bin durstig gewesen, und ihr habt mich getränkt. Ich bin nackt gewesen, und ihr habt mich bekleidet. Ich bin krank gewesen, und ihr habt mich besucht. Ich bin gefangen gewesen, und ihr seid zu mir gekommen. Kommt her, ihr Gesegneten des Herrn, ererbt das Reich, das euch bereitet ist von Anbeginn der Welt.« Wo Menschen helfen angesichts der Not, dort ist Gemeinde.

Die Nachricht von der schweren Krankheit der Diakonin Tabitha ging wie ein Lauffeuer durch Joppe. Alle waren bestürzt: Mutter Tabitha lag im Sterben. Man lief zu ihrem Haus. Jeder wollte sie noch einmal sehen, ihr noch einmal die Hand drücken, sich bedanken für so viel Liebe. Aber es war zu spät. Als man in ihr Zimmer trat, war sie bereits gestorben.

Auch hier habe ich mir vorgestellt, wie wir in einem

ähnlichen Fall reagieren würden. Wir würden an die Beerdigung denken, an die Predigt, an die öffentliche Danksagung. Dann hätten wir die schwierige Aufgabe, nach einer Nachfolgerin Ausschau zu halten. Aber da es für Diakonissen keinen Ersatz gibt, hätten wir die Kranken und die Notleidenden auf eine eventuelle Nachbarschaftshilfe vertrösten müssen. Denn die Diakoniestation konnte nicht mehr besetzt werden. Resigniert hätten wir vielleicht gesagt: Die Verhältnisse sind eben stärker als unsere Möglichkeiten. Wir müssen uns damit abfinden.

## Keine Hoffnungslosigkeit

Die Gemeinde in Joppe findet sich nicht ab. Sie kapituliert noch nicht einmal vor dem Tod. Die Geschichte ist sehr zurückhaltend erzählt, kein Bericht für die Sensationspresse. Entgegen der Landessitte wird die Tote nicht sofort begraben, sondern in einen Raum im oberen Geschoß des Hauses gelegt, der vom frischen Wind vom Meer durchweht wird. Dann schickt man zwei Männer zu Petrus, der sich in einem Nachbarort aufhält. Kein Wort deutet an, daß man ein Wunder erwartet. Es bleibt offen. Gott weiß, was er tun will, und ob er überhaupt etwas tun will. Auch als Petrus in Joppe angekommen ist und vor der Toten steht, bittet keiner um ein Wunder. Petrus schickt die Klagefrauen hinaus. Das Gewinsel, das sie erheben und das die bösen Geister nach der Sitte des Landes vertreiben soll, hat in der Gegenwart Jesu ohnehin nichts mehr zu sagen. Als Stille in dem Raum eingekehrt ist, betet Petrus. In dem Gebet geht es nicht um eine feierliche Drapierung der Hoffnungslosigkeit, sondern das Gebet bringt zum Ausdruck, daß Petrus mit Christus rechnet. Er weiß, wenn Christus es will, dann kann er schon heute und jetzt dem Tod contra geben. Petrus erhebt sich von den Knien – und genauso, wie es damals Jesus zu der Tochter des Jairus sagte, so sagt jetzt auch Petrus »Tabitha kumi«, »Tabitha steh auf«. Und ganz schlicht heißt es in dem Bericht, daß sie ihre Augen aufschlug und aufstand und gesund war. Und daß das in ganz Joppe bekannt wurde und daraufhin viele Leute zum Glauben fanden an Jesus Christus.

## Durch Glaube – Wunder

Hier ist sehr deutlich unterstrichen, daß die Leute nicht geglaubt haben angesichts des Wunders, sondern daß sie im Glauben gehofft haben, angesichts des Todes. Sie wußten von der Auferstehung Jesu. Sie wußten, daß der Tod keine todsichere Sache ist. Sie rechneten mit dem Sieg Christi, der die Niederlage des Teufels besiegelt hat. Sie gaben allem Todesfatalismus den Abschied, und eben dieser offene Glaube entdeckt Wunder. Das geschah damals, das geschieht heute – im Arbeitszimmer, im Kinderzimmer, im Krankenzimmer, im Sterbezimmer. Ein Lied, das wir heute viel singen, bringt es deutlich zum Ausdruck: »O daß du könntest glauben, du würdest Wunder sehen!«

Natürlich kann man auch hier wieder zurückfragen, ob denn eine einzige Totenerweckung etwa eine ganz neue Ära schaffte. Das geschah nicht. Noch einmal möchte ich es betonen: Wunder sind Zeichen auf den Herrn hin, der wiederkommt und alle Toten auferwekken wird. Wunder sind Zeichen auf den Tag hin, an dem Gott alle Tränen abtrocknen wird und an dem es keinen Tod, kein Leid und kein Geschrei mehr geben wird. Wunder sind Zeichen auf die Stunde hin, in der, der auf dem Thron sitzt, sagen wird: Siehe, ich mache alles neu.

Wir leben im Namen des Herrn, der Wunder tut, und der durch sein Wort zu uns redet.

Doch, Gottes Volk ist auffindbar. Es gibt Menschen, die helfen angesichts der Not, und die hoffen, angesichts des Todes. Wer sie sucht, findet Gemeinde. Wer mit ihnen glaubt, wird Wunder erleben.

# Vogel im Käfig

Ich will euch über dies Geheimnis nicht im unklaren lassen, damit ihr euch über eure Stellung nicht täuscht: Einem Teil Israels ist der Zugang zu Christus versperrt worden, bis die anderen Völker in ihrer vollen Zahl ihn gefunden haben werden. Wenn das geschehen ist, wird auch für Israel der Weg wieder frei sein, und sie werden das Heil finden. Die Schrift sagt:

»Aus Jerusalem wird der Befreier kommen, der das gottlose Wesen wegnimmt vom jüdischen Volk. Es wird sich zeigen, wie treu ich bin, wie fest mein Versprechen gilt, wenn ich die Last und Schuld von ihnen nehme.«

Heute, da sie das Evangelium von sich stoßen, stehen sie zwar abseits, mit Gott verfeindet, weil ihr freien Zugang haben sollt. Nach Gottes verborgener Absicht aber sind und bleiben sie von ihm geliebt, weil sie Kinder ihrer Väter und Urväter sind, die Gott liebte. Wenn Gott etwas schenkt, zieht er es nicht zurück. Wenn er jemanden ruft, bleibt sein Ruf gültig. Früher seid ihr Gott gegenüber verschlossen gewesen und Gott hat euch aufgenommen, weil jene nicht hören wollten. Jetzt sind sie verschlossen gegen Gott, weil sie sahen, daß Gott euch barmherzig war.

Am Ende aber wird Gott auch ihnen barmherzig sein wie euch. Denn Gott hat alle in ihrem Unglauben verschlossen, um sich aller zu erbarmen. (Römer 11,25–32)

Was halten Sie von folgenden drei Zitaten?

1. »Wie ein gemästetes, arbeitsunfähiges Tier taugen die Juden für die Schlächterei.«

2. »Ich will meinen teuren Rat geben, daß man Israels Schulen und Synagogen mit Feuer anstecke, daß kein Mensch einen Stein oder Schlacke davon sehe ewiglich.«

3. »Es ist nicht so schlimm, ein Gotteslästerer oder ein Dieb, ein Vagabund oder Ehebrecher zu sein, als von einem Geschlecht der Juden abzustammen.«

Woher könnten diese Zitate stammen? Doch sicher aus einem Kommentar zum Arierparagraphen des Dritten Reiches oder aus einem Tagesbefehl palästinensischer Guerillagruppen?

Nein, das erste Wort stammt von unserem Kirchenvater Johannes Chrysostomus aus dem Jahre 386, das zweite von unserem Reformator Martin Luther aus dem Jahre 1543, das dritte von einem Franziskanerpater am Ende des 16. Jahrhunderts. Bis heute wird den Juden vorgeworfen, sie seien die ewigen Unruhestifter, sie seien an allem schuld, schließlich hätten sie auch den Heiland ans Kreuz genagelt.

Ist es nicht furchtbar, wenn Menschen ständig mit einem Klischee leben müssen – ungeliebt, gehaßt, ständig kritisiert?!

Auch große Kirchenmänner haben in all den Jahrhunderten in Sachen Israel schlimme Fehlurteile gefällt. Schließlich war die Kreuzigung Jesu eine Gemeinschaftsleistung von Jerusalemern und Heiden, also von Juden *und* Heiden, nicht nur von Juden allein.

Bis heute leben solche Gedanken, Vorurteile und Klischees auch in unserem Volk. Aber diese Gedanken sind nicht nur dumm und lieblos; sie sind lebensgefährlich. Denn Gott hat auf die Verletzung seines Volkes die Todesstrafe gesetzt. Das will uns Paulus in dem Brief an die Römer mit aller Eindringlichkeit sagen. Er will klarmachen, daß Juden und Christen nicht voneinander loskommen. Ihr Schicksal ist aufs engste miteinander verflochten. Gott hat nicht einen, sondern zwei Söhne, den Juden und den Heiden. Israel ist und bleibt unser älterer Bruder. Das ist keine politische Stellungnahme, sondern eine göttliche Parteinahme. Immer steht der Jude dicht neben uns.

Ein Prediger sagte einmal: »Sooft wir zum Gottesdienst zusammenkommen, sooft wir einen Menschen taufen, sooft wir das Abendmahl miteinander feiern, immer steht neben uns der leere Stuhl, der Stuhl des abwesenden Bruders aus Israel. Und daß der Stuhl leer ist, soll uns ein Schmerz sein. Die Freude im Haus des Vaters bleibt gedämpft, solange der Bruder draußen verharrt.« Juden und Christen sind Brüder, zwar getrennte Brüder, aber Söhne eines Vaters.

Paulus sagt: »Ihr habt Barmherzigkeit erlangt, Gott hat euch euren Unglauben weggenommen.« So schließt der Unglaube uns alle ein, und das Erbarmen schließt uns allen auf.

# Der Unglaube schließt uns alle ein

Sicher kennen Sie »Das Tagebuch der Anne Frank«. Jüdische Menschen finden während der nazistischen Schreckensherrschaft ein Versteck im Dachgeschoß eines Amsterdamer Geschäftshauses. Monatelang leben sie dort. Sie haben alles, was zum Leben notwendig ist – Nahrung, Kleidung, Licht und Wärme. Aber sie sind eingeschlossen. Sie können immer nur bis zur Tür laufen, hinter der der Tod lauert. So fallen sie sich auf die Nerven. Um Kleinigkeiten wird gestritten, Eifersüchteleien machen das Zusammenleben schwer.

Die kleine Anne schreibt eines Abends in ihr Tagebuch: »Unsere Wohnung ist schön, das Leben voller Geheimnisse, aber wir sind eingeschlossen wie der Vogel im Käfig.«

Wir leben nicht wie ein gehetztes Wild in einem Versteck, Gott sei Dank nicht. Wir haben Häuser mit Flügeltüren zum Garten oder einen Balkon zum Luftschnappen. Wir unternehmen Ferienreisen an die See oder in die Berge. Wir sehen über den Bildschirm in die fernsten Länder. Und doch steht da diese Notiz eines jüdischen Mädchens wie mit unsichtbarer Tinte auch in unserem Tagebuch: »Eingeschlossen wie der Vogel im Käfig«. Paulus betont: »Gott hat alle eingeschlossen in den Unglauben.« Der Unglauben ist der Käfig, und darin sitzen alle. Zuerst waren es nur die Heiden, die darin saßen, denn Israel lebte ja im Glauben, aber dann kam Jesus. Die Juden wollten ihn nicht als den verheißenen Messias anerkennen und wiesen ihm die Tür. Damit verfielen sie selbst dem Unglauben.

So begegnen sich alle im Gefängnis des Unglaubens – die Heiden, die Juden, die ganze Menschheit.

Ich weiß, daß man sich an das Gefängnis gewöhnen kann, das ist vielleicht das Furchtbarste daran. Ich weiß, daß man im Gefängnis denken kann, die Flucht sei jederzeit möglich, wenn man nur wolle. Aber das Gefängnis bleibt zu. Wir können laufen, fahren und fliegen, aber nur bis zu dem Punkt, an dem der Tod auf uns lauert.

Deshalb fallen wir uns auf die Nerven. Deshalb wird dauernd um Kleinigkeiten gestritten. Deshalb machen uns Eifersüchteleien zu schaffen. Deshalb sind wir so hilflos und hoffnungslos, weil wir in den Unglauben eingeschlossen sind.

Nun haben die Juden ein ganzes System entwickelt, wie man das Gefängnis von innen aufriegeln könne. Sie forschten in den alttestamentlichen Büchern und Väterüberlieferungen. Dort fanden sie 365 Verbote und 248 Gebote. Und so lehrten sie: Wer sich daran hält, ist frei. Der Schlüssel aus dem Gefängnis ist der Glaube an die Gebote. Aber dieser Schlüssel paßte nicht. Die Tür blieb verschlossen, die Situation unverändert. Das Gefängnis des Unglaubens hat von innen kein Schlüsselloch. Alle unsere Bemühungen sind umsonst. Keine moderne Heilslehre aus dem Osten oder dem Westen bricht es auf. Darum sagt Paulus:

## Das Erbarmen schließt uns allen auf

»Auf daß er sich aller erbarme.« Unglaube wird nicht durch Glaube, sondern nur durch Gottes Barmherzigkeit überwunden. Gott hat kein Herz aus Stein, das unberührt bliebe angesichts der Irrungen und Wirrungen seiner Geschöpfe. Er hat kein Gedächtnis wie ein Sieb, das nicht mehr wüßte, was gestern war. Dieser Gott ist nicht wetterwendisch, den seine Zusagen gereuen könnten. Wenn er gesagt hat: »Ich will dein nicht vergessen. Siehe, in meine Hände habe ich dich gezeichnet«, dann ist das doch nicht in den Sand geschrieben. Wenn er versichert hat: »Fürchte dich nicht, ich habe dich erlöst, ich habe dich bei deinem Namen gerufen«, dann ist das doch nicht in den Wind geschrieben. Wenn er zugesichert hat: »Ich habe Gedanken des Friedens über dich und nicht des Leides«, dann hat er das doch ernst gemeint. Gott steht zu seinem Wort. Er bleibt sich treu.

Sein Wesen ist Barmherzigkeit. In Jesus ist sie leibhaftig sichtbar geworden. Er besitzt den Schlüssel zu unserem Gefängnis. Der Schlüssel hat die Form eines Kreuzes. Es ist der Hauptschlüssel für alle Not und Verzweiflung.

Zuerst haben es die Jünger erfahren, daß dieser Schlüssel paßt. Fischer, Zollbeamte, Bauern fanden ein neues Leben. Dann merkten es Lahme, daß sie wieder gehen konnten, Taube, daß sie wieder hören konnten, Blinde, daß sie wieder sehen konnten, Aussätzige, daß sie wieder in ihre Familien zurückkonnten. Und dann strömten sie herbei, die Zukurzgekommenen, die Randfiguren, die Rinnsalexistenzen. Sie hatten plötzlich erkannt, daß in diesem Mann von Nazareth Leben und volles Genüge ist.

Auch Paulus selbst hat diese Erfahrung gemacht. Wild und blind hatte er sich gegen Gottes Erbarmen gewehrt. Und was geschah? Jesus begegnete ihm und führte ihn heraus aus seinem Gefängnis. Paulus, der Christenverfolger, wurde zum Botschafter der Christusgnade für die Völker. »Wenn es jemals auf Erden einen hoffnungslosen Fall gegeben hat«, sagt Paulus, »dann bin ich es gewesen.«

Vielleicht meinen Sie, auch Sie seien ein hoffnungsloser Fall, keiner könne Ihnen helfen, Ihr Gefängnis sei endgültig verriegelt. Wenn Jesus aber einen Paulus aus dem Gefängnis herausgeholt hat, dann kann er Sie genauso retten.

Auch Israel werden einmal die Augen aufgetan. Dann kommt die Stunde, in der »wird ganz Israel gerettet werden«. Dann will Gott mit Juden und Heiden, mit Schwarzen und Weißen, mit Reichen und Armen, mit uns allen zusammensein. Das ist das Ziel der Geschichte. Nichts geschieht ziel- oder planlos. Es gibt keinen Amoklauf der Ereignisse. Gottes Geschichte mit seinen Geschöpfen ist nicht aufzuhalten.

Ein Kind, das in einer sturmgepeitschten Nacht am Fenster stand und zuschaute, wie der Sturm wütete, sagte zu seiner Mutter: »Gott muß heute nacht die

Gewalt über den Wind verloren haben.« Für Paulus ist das undenkbar. Gott behält immer die Kontrolle über Dinge und Menschen. Und wenn unsere Erde von Beben geschüttelt wird, wenn gefährliche Blitze zukken und Gewitterwolken am Himmel hängen, so spannt sich doch über allem der Bogen seiner Barmherzigkeit.

Und am Ende der Tage gibt es keine End-lösung, sondern nur eine Er-lösung. Das beschreibt ein Wort in den Psalmen: »Wenn der Herr die Gefangenen Zions erlösen wird, dann werden wir sein wie die Träumenden, dann wird unser Mund voll Lachen und unsere Zunge voll Rühmen sein. Dann wird man sagen: Der Herr hat Großes an uns getan, des sind wir fröhlich.«

# Das Wort, das Felsen

# zerbricht

Was ist ein Hammer? Es handelt sich um ein Stoß- und Schlagwerkzeug, das vorwiegend zum Draufhauen verwendet wird. Der Hammerstiel besteht aus Holz oder Plastik, der Hammerkopf dagegen aus Metall oder Gummi.

Wann wird zum erstenmal von einem Hammer berichtet? Hier gehen die Meinungen auseinander. Die einen sind der Ansicht, der Hammer sei zum erstenmal von den Kelten und Germanen verwendet worden, die ihn nicht nur als Werkzeug verehrten, sondern auch einen Hammergott, Donar, anbeteten. Die anderen vermuten, schon der Neandertaler hätte ihn besessen und damit dem Bären die Gehirnschale zertrümmert.

Natürlich kann man den Hammer auch als Symbol verwenden. Das hat z. B. Karl Marx getan; als Zeichen des Bündnisses von Arbeitern und Bauern stellte er den Hammer in die Sichel. Dieses Symbol wurde zum Staatswappen der Sowjetunion. Auch die Österreicher malten den Hammer auf ihren Bundesadler. Ich habe auch gehört, daß einige Leute Hammer sammeln – so, wie andere Leute Bierdeckel oder Schmetterlinge. Und so findet man bei ihnen vom mächtigen Eisenhammer an alles bis zum feinen Geologenhämmerchen.

Was aber ist ein Hammer wirklich? Erst wenn ich es mit ihm zu tun bekomme, spüre ich seine Wirkung. Erst wenn er meinen Daumen trifft anstelle des Nagels, ahne ich seine Wucht.

Der Prophet Jeremia sagt über den Hammer (23,29): »Ist mein Wort nicht wie ein Hammer, der Felsen zerbricht?« Er sagt nicht etwa, Gottes Wort sei wie eine Mullbinde, die Wunden verbindet, oder wie ein Haltegurt, der vor schweren Verletzungen bewahrt; oder etwa wie ein Regenschirm, der trockene Füße garantiert. Jeremia sagt knapp und eindeutig: »Gottes Wort ist wie ein Hammer.« Mit der Bibel können wir es genauso machen wie mit einem Hammer. Wir können über das Alter der Bibel Vermutungen anstellen. Wir können die Bibel auch symbolisch verstehen – das haben z. B. einige Theologen gemacht. Sie haben die Erzählungen und Gleichnisse der Bibel als Symbole für die Gemeinschaft von Gott und Mensch übertragen.

Man kann die Bibel auch sammeln; so, wie man Hammer sammelt. Aber das alles sagt noch nichts darüber aus, was das Wort Gottes ist. Erst wenn ich es mit ihm zu tun bekomme, spüre ich seine Wirkung. Erst wenn ich darunter gerate, ahne ich seine Wucht. Erst wenn ich davon zerquetscht werde, wie der Daumen, den der Hammer anstelle des Nagels trifft, dann weiß ich, was das Wort der Bibel ist.

Das erlebte Paulus. Als gläubiger Jude hatte er die Bibel gründlich studiert bei Gamaliel, einem der bedeutendsten Theologieprofessoren. Er hatte auch über das Wort Gottes diskutiert. Schließlich gehörten Rede und Gegenrede zur Ausbildung. Aber das Wort Gottes hatte ihn nie getroffen. Für ihn waren die Jesusberichte als Erfüllung der göttlichen Verheißungen glatte Utopie und Gotteslästerung. Doch eines Tages kam er mit dem Wort Gottes in Berührung. Plötzlich erkannte er, daß dieses Wort wie ein Hammer ist.

# Er bekam den Hammer des Wortes buchstäblich auf den Kopf.

Das geschah mitten auf der B1 von Jerusalem nach Damaskus; nicht etwa auf einer zweibahnigen Bundesstraße, sondern auf einer Kriechspur für vierbeinige LKWs. Dort galoppierte Saulus auf seinem Pferd. Er war Abwehrspezialist in Diensten der Kirche mit höchstrichterlichen Haftbefehlen in der Tasche, um eine Razzia gegen die Christensekte durchzuführen. Selbstbewußt galoppierte Saulus, wie er damals hieß, voran, überzeugt von seinem Auftrag. Plötzlich wurde er vom Pferd geworfen und hörte eine Stimme, die sagte: »Saul, Saul, was verfolgst du mich?« Saulus war Jesus begegnet. Sein Wort hatte ihn wie ein Hammer getroffen. Er taumelte, verlor die Orientierung und stürzte vom hohen Roß. Das Wort Gottes hatte nicht nur seinen Dickkopf gespalten, nicht nur sein Großmaul gestopft, sondern auch sein felsenfestes Herz zerschlagen. Vor Damaskus lag ein Wrack, ein Trümmerhaufen, ein Totalschaden des alten Menschen.

Genauso holt uns heute Gottes Wort von jedem hohen Roß. Der eine sitzt auf seiner Vernunft, die Maß und Richtschnur für ihn ist. Der andere trabt auf seiner Frömmigkeit daher, die fadenscheinig und zerschlissen ist. Der dritte sitzt fest im Sattel seiner Rechtschaffenheit, auf die er stolz ist. Der vierte reitet auf der alten Tour, daß Religion nur das Opium des Volkes sei. Alle miteinander sind wir stolze Reiter, die gerne den Kopf hoch tragen. Deshalb trifft uns Gottes Wort auf den Kopf: »Du bist mir mit deinem Stolz ein Greuel. Du hast mir Arbeit gemacht mit deinen Sünden. Du hast gelogen, gestohlen, falsch Zeugnis geredet. Du bist schuldig!« Können wir das Gegenteil beweisen?

Wer Gottes Wort wirklich hört, der taumelt und

stürzt. Wer Gottes Wort wirklich versteht, der ist am Boden. Paulus stammelte: »Ich elender Mensch.« Luther klagte: »Ich zerschlagene Kreatur.« Ebenso bekennen andere, die vom Wort Gottes getroffen sind: »Ich bin ein Schrotthaufen.« Und wenn Sie einmal anfangen, die ganze Bibel zu lesen – von vorne bis hinten, dann werden Sie auch verstehen, was der christliche Philosoph Kierkegaard einmal über das Wort Gottes gesagt hat: »Menschen von solchem Kaliber, die das aushalten können, werden nicht mehr geboren.« Wenn Sie die Bibel lesen, werden Sie den Hammer des Wortes Gottes spüren. Aber Sie werden auch erkennen, daß Gott keinen im Dreck stecken läßt. Die Evangelisten berichten diese ungeheure Tatsache. In Jesus kommt Gott auf diese Erde. Von Bethlehem geht er nach Nazareth und Kapernaum. Überall sieht er die Schrottplätze verkrachter Existenzen. Zu diesen Geschlagenen sagt er: »Kommt her zu mir. Ich will euch nicht nur ein bißchen ausbeulen, spachteln, Lack aufspritzen und aufpolieren. Ich will euch neu machen.« Jesus kann das. Er hat es bewiesen – damals, als sie ihn im hohenpriesterlichen Palast zusammenschlugen, dann auf der Via Dolorosa, als er die römischen Soldatenfäuste spürte und als sie ihn mit einem Hammer an das Kreuz schlugen. Da fiel der Kopf Jesu vornüber, und Gottes Sohn starb. Aber am dritten Tag stand er wieder da, als lebendiger Beweis dafür, daß Gott neu machen kann.

Es muß keiner am Boden bleiben. Es muß keiner verschrottet werden. Aus einem total-geschädigten alten Menschen kann Jesus einen totalgesegnet neuen Menschen machen: »Ist jemand in Christus, so hat er keine neue Karosserie, sondern er ist eine neue Kreatur. Das Alte ist vergangen, siehe, es ist alles – der Kopf, das Denken, das Fühlen, das Herz – neu geworden – wie bei Saulus, der als Paulus aufstand. Wie

Schuppen fiel es ihm von den Augen, als er die neue Wirklichkeit erkannte, daß Gott aus den Bruchstücken eines Menschenlebens brandneue Menschen schafft.

## Er bekam den Hammer des Wortes in die Hand.

Das war im Haus des Judas. Dort hatte man Paulus hingebracht, nachdem er vom Pferd gestürzt war. Drei Tage blieb er dort. Dann meldete sich ein Mann mit Namen Ananias. Er berichtete, daß Gott ihn geschickt hätte, und sagte zu Paulus: »Gott hat dich dienstverpflichtet. Du bist sein auserwähltes Rüstzeug. In Kleinasien und Europa sollst du Gemeinden bauen!« Und dann folgten stille Tage, in denen dieser Paulus mit seinem Gott gerungen hat. Leider haben wir darüber keinen Bericht. Aber ich kann mir denken, daß Paulus damals protestiert und vielleicht gesagt hat: »Herr, ich bin doch geographisch nicht ausgebildet. Wohin soll ich gehen? Und wo soll ich bauen?« Und Gott wird gesagt haben: »Mach dir keine Sorgen. Du hast mein Wort.« Paulus wird dann vielleicht eingewendet haben: »Aber Herr, ich bin doch nicht psychologisch geschult. Wie soll ich dein Wort so weitersagen, daß die Leute es mir abnehmen?« Darauf wird Gott nur einen Satz geantwortet haben: »Du hast mein Wort.« Vielleicht war Paulus immer noch nicht überzeugt und wird entgegnet haben: »Aber Herr, ich bin theologisch nicht auf dem neuesten Stand. Ich kann deine Sache schlecht vertreten.« Und wieder antwortete Gott: »Du hast mein Wort«. Dann ist das der Hammer. Etwas anderes als den Hammer des Wortes Gottes brauchen wir nicht. Bis zum heutigen Tag stellt Gott seine neu gewordenen Leute nicht in die Garage, sondern auf den Bau. Das einzige Werkzeug, mit dem er sie ausrüstet, ist ein Hammer – sein Wort.

Vielleicht hat Gott Ihnen auch einen Auftrag gegeben wie dem Paulus; aber Sie haben gesagt: »Wohin soll ich gehen und anfangen zu bauen? Bei uns gibt es keine Gruppe von jungen Leuten, die an Gott glauben. Wie soll ich dann beginnen? Mir kauft keiner etwas ab. Und wie kann ich begründen, was ich sage? Ich bin doch nicht dafür ausgebildet worden. Ich habe zwei linke Hände.« Gott sagt dazu nur: »Du hast mein Wort.« Der Hammer des Wortes Gottes ist auch für Linkshänder.

Junge Menschen müssen eingefügt werden in den Bau Gottes, wenn sie nicht aus allen Fugen geraten sollen. Den letzten Schlag wird dann der wiederkommende Herr selbst ausführen, wenn er seinem Bau das Dach aufsetzt. Aber bis dahin haben wir alle Hände voll zu tun, um Nägel mit Köpfen zu machen und zu hämmern. Wenn wir das tun, werden wir erleben, welche Kraft in diesem Werkzeug steckt: Das ist ein Preßlufthammer, der die Brocken der Sünde zermalmt; das ist ein Vorschlaghammer, der die Stolpersteine des Bösen beseitigt; das ist ein Tischlerhammer, der zusammenfügt und festmacht. Etwas anderes als diesen Hammer brauchen wir nicht. Ein bekannter holländischer Theologe hat es so formuliert: »Wir haben in der Tat nur das Wort; das aber ist nicht nichts sondern alles.« Nur eins dürfen wir dabei nicht vergessen: Bei dieser Tätigkeit werden wir keine Kraftprotze, keine Schlägertypen, keine Muskelmänner – im Gegenteil. Schauen wir noch einmal auf Paulus:

# Er bekam den Hammer des Wortes in das Kreuz.

Das war mitten in seinem Dienst für Jesus. Dabei meine ich nicht die acht Folterungen, die er durchlitten hat, auch nicht die unzähligen Schläge, die ihn ins Gesicht trafen. Ich meine den Pfahl, den Dorn, den Gott ihm ins Fleisch getrieben hat. Eine schwere Krankheit quälte ihn Tag und Nacht, eine schwere Last lag auf seinem Kreuz. Oft genug dachte er, er würde darunter zerbrechen. Immer wieder ging er auf die Knie: »Lieber Gott, ich kann nicht mehr. Diese Krankheit behindert meinen Dienst. Nimm sie weg.« Aber Gott tat es nicht. Da ist keine Rede von Kraft, Stärke oder Selbstbewußtsein. Paulus leidet an Schwachheit.

Auch Martin Luther hat darunter gelitten. Von seinem 44. Lebensjahr an war er ein kranker Mann. Auch der Diakonissenvater Theodor Fliedner war jahrelang krank – brustleidend. Hinrich Wichern wurde von Kind auf von einer Krankheit gequält, Kopfweh. Ludwig Hofacker stand nur wenige Jahre seines Dienstes durch und starb mit 30 Jahren. Ich sollte auch den Japaner Kagawa und Livingstone nennen – alle keine strahlenden Sieger, sondern Geschlagene. Schwachheit ist die Berufskrankheit im Dienst Jesu. Deshalb wundern Sie sich nicht, wenn Sie bei ihm auch Kreuzschmerzen bekommen. Darum machen Sie sich keine Gedanken, wenn Sie auch hinkend auf den Bau Gottes steigen: »Gott legt uns eine Last auf, aber er hilft uns auch.« Zu Paulus sagte er: »Laß dir an meiner Gnade genügen.« Ihnen sagt er das gleiche: »Laß dir am Wort von der Gnade Jesu genug sein.« Dieses Wort ist genug zum Leben und Sterben. Dieses Wort rüstet die Schwachen mit Kraft aus und macht sie zu Bauarbeitern seines Reiches. Dieses Wort ist der Hammer. Mehr als diesen Hammer brauchen wir nicht.

# Er bleibt

# bei uns

# Der große Bogen

Auf meinem Gabentisch liegt eine besondere Kostbarkeit – ein kleines Büchlein mit dem Titel »Christ in deiner Geburt«. Es enthält auf vierzig Seiten die frühesten Weihnachtsdarstellungen unbekannter Künstler. Der Titel stellt ein Reliquienkästchen aus Palästina dar, aus dem siebten Jahrhundert. Es zeigt das typische Weihnachtsbild, das wir seit dem Jahr Null kennen: Das hilflose Kind in einer zweckentfremdeten Krippe, eine halb liegende, geschwächte Maria, deren rechte Hand liebevoll auf das Kind deutet, und daneben Josef, den Kopf in die Hand gestützt, in den Augen Erstaunen, Bewunderung und auch etwas Unverständnis dem ganzen Geschehen gegenüber. Natürlich fehlen auch Ochse und Esel nicht, die am Wickeltuch des Kindes schnuppern. Dieses Weihnachtsbild ist in allen Jahrhunderten immer wieder neu gestaltet worden. Doch das Motiv auf dem Reliquienkästchen zeigt abweichend von anderen Weihnachtsdarstellungen einen schönen geschwungenen Bogen, der sich über dem Kind, der Krippe, über Maria und Josef, über Ochse und Esel wölbt.

Was wollte der Künstler damit ausdrücken? Wollte er an eine Geburtshöhle erinnern, an jenes Naturmotiv, das bis ins zweite Jahrhundert zurückverfolgt werden kann? Oder wollte er nur ein schützendes Stalldach andeuten, ein Baumotiv, das auf vielen weströmischen Denkmälern immer wieder abgebildet worden ist? Ich glaube nicht.

Vieles spricht dafür, daß es sich hier um den *Bogen des Lichts* handelt, der das Geschehen umschließt. Er leuchtet immer dann auf, wenn die Sonne durch eine gefährliche Gewitterwand bricht und in die Dunkelheit und das Angstmachende ihre hellen, leuchtenden Farben malt.

Der unbekannte Maler wußte offensichtlich, daß in der Heiligen Nacht nicht nur eine kleine Kerze in einer fernen Geburtsgrotte angezündet wurde, die mit ihrem fahlen Licht gerade eben noch die Gesichter der Herumstehenden erhellte. Nein, er wollte zeigen, daß Gott ein ewiges Licht angezündet hat, ein Welt- und Himmelslicht, das durch die Gewitterwand unserer Schuld bricht und mit seinem hellen Licht die Wolken unserer Ängste, Sorgen und Zweifel vertreibt.

In diesem *Weihnachtsbogen* weiß ich mich mit hineingenommen. Ich möchte, trotz Blitz und Donner, mit Johann Franck sagen, der mitten im 30jährigen Krieg schrieb: »Unter deinen Schirmen bin ich vor den Stürmen aller Feinde frei; laß die Welt erzittern, laß den Satan wettern; mir steht Jesus bei; ob es jetzt gleich kracht und blitzt, ob gleich Sünd und Hölle schrecken, Jesus will mich decken.«

Doch der Bogen hat noch eine tiefere Bedeutung. Er gibt mir nicht nur Schutz, er ist auch ein *Zeichen des Bundes*, den Gott immer wieder mit den Menschen schließt. Damals, als Noah lebte, hatten sich die Schleusen des Himmels geöffnet und eine gottlose Welt in ihren Fluten begraben. Dann lag eine furchtbare Stille über den Wassern, eine Todesstille. Nur einer hatte Gnade vor Gott gefunden: Noah. Auf dem Gebirge Ararat kniete er mit seiner Familie nieder am Altar, den er zur Ehre Gottes gebaut hatte. Und er hörte des Herrn Stimme: »Ich will in Zukunft die Erde nicht noch einmal verfluchen. Es soll nicht aufhören Saat und Ernte, Sommer und Winter, Tag und Nacht.« Und die Menschen auf dem Gebirge Ararat sahen den Bogen in den Wolken und wußten, daß ihr Leben ein einziges unverdientes Geschenk der Güte und Langmut Gottes war. Das gilt ganz besonders seit der Geburt Jesu, die wir zu Weihnachten feiern.

In unserem zeitlichen Leben hat Gott uns ein ewiges Leben angeboten, seinen Sohn. Er kommt in unser Leid, in unsere Erdennacht und zeigt uns den Weg zum Vater.

Aber der Bogen auf dem Reliquienkästchen hat noch eine dritte Bedeutung: Er erinnert auch an den *Bund mit Abraham*. Gott schickte ihn in eine unbekannte Ferne. Im Vertrauen auf den Herrn machte er sich auf den Weg in die Weite des kanaanitischen Landes. Darüber lag der Schleier der Ungewißheit. Doch Gott sagte zu ihm: »Fürchte dich nicht. Ich bin dein Schild und dein sehr großer Lohn.« Abraham erhielt die Gewißheit, daß Gott ihn bewahren würde auf dem Weg in das neue Land.

Auch vor uns liegt die Weite des Lebens, die Unsicherheit und Ungewißheit. Aber gerade zu Weihnachten dürfen wir die alte Zusage wieder neu für uns in Anspruch nehmen: »Fürchtet euch nicht, denn euch ist heute der Heiland geboren.« Das heißt doch: Der Himmel ist offen. Und wem der Himmel offen ist, der sieht auch die Sonne auf den finstersten Talwegen. Das ist der Abrahamsbund.

Noch einmal weist der Weihnachtsbogen auf einen *Bund*, den Gott mit einem aus seinem Volk macht – *mit Mose*. Er steht auf dem Berg Sinai. Er zittert vor der mächtigen Stimme Gottes. Er hört die Worte: Ihr sollt mir ein heiliges Volk sein! 2 Tafeln – 10 Gebote – sind unumstößliche Ordnungen für sein Volk: »Du sollst nicht töten, du sollst nicht ehebrechen, du sollst nicht stehlen.« Der *Mosebund* ist der Schutzzaun, den Gott um seine Menschen legt. Noch keiner hat ihn ungestraft überstiegen. Jesus hat ihn nicht niedergerissen, sondern als Schutz für seine Leute noch dichter gemacht.

*Weihnachten ist nun der neue Bund*. In ihm finden alle anderen Bünde, die Gott mit seinen Menschen getroffen hat, ihre Erfüllung. Jetzt leuchtet über allem das helle Licht der Vergebung, denn »Christ ist erschienen, uns zu versühnen, freue dich, freu dich o Christenheit«.

Wenn Sie Weihnachten feiern, denken Sie an das Bild des alten Meisters, das er auf das Reliquienkästchen gemalt hat. Er kannte den wunderbaren Bogen Gottes, der Ararat, Ur, Sinai und Bethlehem umspannte. Dieser Bogen ist die neue offene Pforte zum verschlossenen Paradies. Gehen Sie aus dem Weihnachtsfest hinein in den Alltag mit dem festen Glauben und der gewissen Zuversicht, daß man mit dem neugeborenen Heiland auf dem richtigen Weg ist, unter dem Bogen, dem Zeichen des Bundes.

# Rettungsaktion

Weihnachten ist eine Rettungsaktion. Denken Sie an einen Strom. Mittendrin kämpft ein Mensch um sein Leben.

Er bekommt keinen Boden unter die Füße. Die Strömung ist zu stark. Er erreicht keinen Halt mit den Händen. Die Wellen werfen ihn hin und her. Er hat den sicheren Tod vor Augen.

Einer ruft ihm zu, er solle durchhalten und weiterschwimmen. Aber Durchhalteparolen nützen ihm nichts. Ein anderer wirft eine Leine ins Wasser. Doch ihm fehlt die Kraft zum Festhalten. Die Lage ist hoffnungslos. Da erscheint ein Dritter. Er entledigt sich seiner schweren Kleider und springt ihm nach. Der Retter taucht in den Fluten unter und kämpft. Alle Kraft bietet er auf, um den Kampf gegen den Strom zu bestehen. Schließlich macht er seine Arme ganz breit und fängt den Ertrinkenden auf. Mit ihm gelangt er an das sichere Ufer.

Der Gerettete ist dem Tod entrissen. Das Leben ist ihm neu geschenkt. Freude, Freude über Freude. Das ist Weihnachten.

# Im Strom

Denken Sie an den Strom der Zeit, der durch die Jahrhunderte geht. Mittendrin kämpfen wir um unser Leben, so wie es der schwerblütige Friedrich Hölderlin in Worte faßte: »Es fallen Menschen, blindlings von einer Stunde zur anderen, wie Wasser von Klippe zu Klippe geworfen, jahr'lang ins Ungewisse hinab.«

Wir bekommen keinen Boden mehr unter die Füße. Die Strömung, die Zeit- und Denkströmung, ist zu stark. Wir erreichen keinen Halt mehr mit den Händen. Die Wellen, die Protest- und Nostalgiewellen, die Hasch- und Sexwellen, die atheistischen und religiösen Wellen werfen uns hin und her. Wir haben den sicheren Tod vor Augen. Da erscheint einer im Blickfeld. Einer, der uns gefallene – ins Wasser hineingefallene – Menschen sieht; einer, dem wir nicht gleichgültig sind; einer, dem unsere Lage ins Herz schneidet: »Da jammert Gott in Ewigkeit, mein Elend über Maßen.« Er ruft uns keine Parolen zur Lebensbewältigung und keine Regeln zum Überleben zu. Große Worte nützen uns nichts. Er wirft uns auch keine Leine zu, handgedreht von Ideologie oder Philosophie, an der wir uns aus dem Wasser heraushangeln könnten. Diese Leine hält auf die Dauer nichts aus.

Nein, dieser Retter entledigt sich seiner Kleider, er zieht den Königsmantel aus, der ihn als König aller Könige und Herrn aller Herren ausweist. Er legt die Krone ab, die ihm Macht gibt über alle gekrönten Häupter der Welt. Er läßt das Zepter fallen, mit dem er die Reiche dieser Erde regiert. »Er äußert sich all seiner Gewalt, wird niedrig und gering.« So springt er uns nach. Der Gottessohn taucht elend, nackt und bloß in den Fluten dieses Stromes unter.

# Nahe dem Tode

Schon damals, als Jesus geboren wurde, war es ein breiter Strom, der von den Machenschaften eines sogenannten Friedenskaisers namens Augustus getrübt wurde. Seine Stadtfeste in Rom mit Gratisbrot und Freibier waren teuer. Der Altar auf dem Marsfeld, ihm, dem Friedensgott Augustus zu Ehren erbaut, verschlang Millionen. Deshalb mußte eine neue Geldquelle in der Provinz gefunden und ein neuer Geldstrom nach Rom gepumpt werden. Ein trüber Strom und ein schrecklicher Strom. Der Reichszensus, diese Schätzung im Römischen Reich, war eine Menschenquälerei sondergleichen. Nicht umsonst haben sich die Gallier blutig dagegen gewehrt.

Ein Berichterstatter aus der damaligen Zeit schreibt: »Die Bevölkerung wurde zusammengetrieben, alle Marktplätze waren verstopft von herdenweise aufmarschierenden Familien. Es gab keine Rücksicht auf Alter und Gesundheitszustand. Kranke wurden herbeigeschleppt und Gebrechliche. Alles war erfüllt von Kummer- und Jammergeschrei.«

Kein Wunder, daß jüdische Terroristen – die Zeloten – aufmuckten und ein paar Kollaborateure meuchlings ermordeten. Ein reißender Strom war es, und ein böser Strom. Die Schätzung, der sich alle unterziehen mußten, füllte die Hotels bis unter das Dach. Viele machten dabei ein Bombengeschäft. Jeder Schuppen wurde zu Wucherpreisen vermietet. Maria und Josef mußten sich mit einem Verschlag zufriedengeben. Eine Futterkrippe bewahrte das Kind vor den Fußtritten der Menschen und den Hufschlägen der Tiere.

Der Strom der Zeit hat sich seither nicht verändert. Er ist ein trüber, schrecklicher und gemeiner Strom geblieben. Das Strombett ist voll Leid und Tränen, Furcht und Verzweiflung, Traurigkeit und Einsam-

keit. Aber genau in dieses Wasser taucht Jesus ein.
Vom ersten Tag an ist sein Leben bedroht. Herodes ist
ihm auf den Fersen. Maria und Josef sind mit dem
Kind auf der Flucht. Der Flüchtlingsstrom reißt sie
über die israelisch-ägyptische Grenze.

## Ans Ufer

Zum Zimmermann wird Jesus ausgebildet. Als
Wanderprediger zieht er durchs Land, ständig ange-
griffen, verfolgt, dem Tode nahe. Ein Satz umfaßt seine
Botschaft: Kommt her zu mir! – Ein ungeheurer Anspruch! Komm zu mir, nur bei mir ist Leben. Nur ich
kann dich retten, an Land ziehen, dich befreien aus
dem Schlamm.

Jesus macht seine Arme ganz breit. Am Kreuz sind
sie bis zu den Ufern ausgestreckt. Er will jeden auffan-
gen, jeden tragen, jeden ans Ufer bringen. Er ist der
einzige, der die Kraft dazu hat.

Warum sind Ihnen gerade an diesem Heiligen
Abend manche Dinge so schwer? Warum können Sie
gerade heute mit Ihrem Schmerz nicht fertig werden?

Lesen Sie die Weihnachtsgeschichte wieder richtig.
Sie ist keine Hirtenidylle mit Glöckchen und Geigen.
Weihnachten ist eine Rettungsaktion, die den Glau-
benden aus dem Dunkel herausrettet, dem Tod ent-
reißt und neues Leben schenkt.

# »Der Wirt«

**Sie kennen Augustus und Cyrenius, Maria und Joseph, Engel und Hirten. Aber kennen Sie auch den Wirt? Es lohnt sich, das Weihnachtslicht einmal auf diesen Mann zu richten, der sich fast völlig hinter dem einen Satz versteckt: »Sie hatten sonst keinen Raum in der Herberge.«**

Manager in einem Fünf-Sterne-Hotel Bethlehemer Hof mit Swimmingpool und Tennisplätzen war er sicher nicht. Geschäftsführer in einer Nobelherberge mit Appartements und Wohnsuiten war er auch nicht. Und Inhaber eines Landgasthauses »Zum Goldenen Ochsen« mit rustikaler Innenarchitektur war er gleich gar nicht. Wirt war er, ganz einfach Wirt in einer ärmlichen Absteige, wo Durchreisende mit einem Matratzenlager vorliebnehmen mußten.

## Eine traurige Randfigur

Nichts Aufregendes wird von ihm berichtet, nicht einmal sein Name ist uns bekannt. Dieser Mann war eben eine Randfigur des Heiligen Abends, ein Zaungast beim weihnachtlichen Geschehen, ein Statist im göttlichen Krippenspiel. Dabei hätte er die ganze

Freude der Christnacht hautnah mitbekommen können. Gott will keine Randfiguren am Heiligenabend, sondern nur Hauptfiguren, denen die Engelsbotschaft gilt: »Fürchtet euch nicht!« Gott will keine Zaungäste beim weihnachtlichen Geschehen, sondern nur Ehrengäste, die sich direkt angesprochen fühlen: »Ich verkündige euch große Freude!« Gott will keine Statisten im göttlichen Krippenspiel, sondern nur Christen, die es ganz persönlich nehmen: »Euch ist heute der Heiland geboren.«

Warum hat sich unser Wirt mit dieser Nebenrolle begnügt? Ich sehe drei Gründe. Zum einen: Er war besetzt. Vor seiner Tür baumelte das Schild »kein Zimmer frei«. Das war kein Zeichen seiner Faulheit. Die Liegeplätze waren tatsächlich alle ausgebucht. Es war auch kein Zeichen seiner Ungastlichkeit. Die da oben in Rom und nicht er hatten diese Überbelegung durch eine unsinnige Volkszählung ins Werk gesetzt. Das Türschild war ein Zeichen für die Wirklichkeit, daß andere Herrschaften das Haus schon besetzt hatten.

## Kein Zimmer frei!

Immer ist das so, daß das Haus unseres Lebens schon besetzt ist. Wir sind nicht neutral, abwartend, sozusagen leer. Viele Herrschaften haben sich bei uns einquartiert, z. B. die Angst vor dem Morgen, die Sorge um die Gesundheit, die Liebe für die Freundin, der Schmerz über den verstorbenen Partner, die Schuld einer kaputten Ehe. Wir haben keinen Platz mehr frei für die Herrschaft Gottes, leider, umständehalber, gezwungenermaßen.

Trotzdem läßt sich Gott nicht abschieben. Er weiß, daß wir mit diesen Herrschaften nicht glücklich werden, deshalb will er sie verdrängen, deshalb macht er Konkurrenz. Mitten in Angst und Sorge und Schmerzen hinein will Jesus geboren sein.

Aber der Wirt war besetzt, das ist das eine. Und das andere: Er war beflissen. Niemand verwechsele ihn mit einem Rausschmeißertyp, der die Leute kurzerhand auf die Straße setzt. Schließlich betrieb er ein ordentliches Lokal und keine zwielichtige Kneipe. Von der Pike auf hat er gelernt, daß man Gäste nicht im Regen stehen läßt. Deshalb will der gute Mann keinen von der Tür weisen. Aber aufnehmen kann er auch niemand. Er will nicht nein sagen, aber das Ja geht auch nicht. Was soll er tun? Er schafft Platz im Stall. Ochs und Esel müssen etwas zur Seite. Jesus wird auf dem Abstellplatz geboren.

Oft ist das so, daß diesem Jesus das Hinterhaus unseres Lebens zugewiesen wird. Wir sind nicht ablehnend, ungläubig oder gar gottlos. Von Kind auf haben wir gelernt: Edel sei der Mensch, hilfreich und gut. Deshalb wollen wir diesen Christus nicht hinauswerfen, aber hereinbitten können wir ihn auch nicht. Weil wir »Jein« sagen, deshalb kampiert dieser Herr in der Rumpelkammer. Damit hat er ein Dach über dem Kopf und wir ein gutes Gewissen. Wer Jesus im Hinterhaus bzw. in der Hinterhand hat, kann sich notfalls auf ihn berufen.

## Der Weg zur Krippe

Aber Gott schickt doch seinen Sohn nicht als Notfallarzt auf die Erde. In jedem Fall sind wir auf ihn angewiesen und brauchen seine Nähe. Im Arbeitszimmer will er geboren werden, wo uns die Fehlbilanz des alten Jahres belastet, und wo wir den Haushalt des neuen Jahres nicht ausgleichen können. Im Familienzimmer will Jesus zur Welt kommen, wo schon beim Frühstück der Krach mit den Kindern losgeht. Im Krankenzimmer will es Weihnachten werden, wo menschliche Therapie am Ende ist. In allen Zimmern an der Vorderfront unseres Lebens soll Freude aufklingen, daß Jesus zu uns gekommen ist.

Bei unserem Wirt war davon nichts zu hören. Er war ja besetzt, bemüht um die Gäste, überbeschäftigt. Der Kunde ist König und nicht dieses Kind. Die Kasse muß stimmen und nicht ein Engelsgesang: Weihnachten fand bei ihm nicht statt. Für ihn war der Weg zur Krippe zu weit, für die judäischen Hirten nicht. Die gingen ihn selbst bei Nacht. Für die babylonischen Astrologen auch nicht. Sie waren tagelang unterwegs gewesen. Für unzählige Zeitgenossen wurde dieser Weg zum Heilsweg ihres Lebens, weil sie in diesem elenden Herrgottswinkel endlich den entdeckten, der ihnen nicht nur Friede und Freude versprach, sondern Frieden auf Erden, der höher ist als alle Vernunft. Und in ihm beginnt auch die Freude auf Erden, die durch nichts getrübt werden kann. Er ist nicht fern von uns, nur ein paar Schritte weit, aber können und wollen wir zu ihm gehen? Der Wirt war besetzt, beflissen und beschäftigt. In seinem Leben gab es keine Christnacht. Er war eine bedauernswerte Figur. Bei uns soll es anders werden. Keiner muß dem Wirt gleichen.

# Ein Platz in der Hütte

Die Hirten kehrten wieder um. Ihre Hände – eben noch ehrfürchtig gefaltet – griffen wieder nach den derben Stöcken. Hinter sich ließen sie den Stall und das Kind. Sie gingen wieder zum Feld und zu den Herden. Weihnachten brachte ihnen kein 13. Monatsgehalt, keine Arbeitszeitverkürzung und keine Mitbestimmung, sondern denselben Hungerlohn, dieselbe Nachtschicht und dieselbe Abhängigkeit. Auf dem Feld von Bethlehem hatte sich nichts geändert.

Ist durch Weihnachten etwas anders geworden?

Auch wir müssen wieder umkehren. Hinter uns liegt die Heilige Nacht und ein Feiertag. Vor uns liegt manche dunkle Nacht und der Alltag: derselbe Laden, dasselbe Büro, dieselbe Halle, dasselbe Krankenhaus. Eigentlich ist nichts anders geworden. Stimmt das?

Wir müssen die Bibel genauer lesen. Hinter dem Satz: »Die Hirten kehrten wieder um« steht kein Punkt, sondern ein Komma; es geht also weiter: »priesen und lobten Gott um alles, was sie gehört und gesehen hatten.« Ihre Zelte, Pferche und Schafe, alles war noch wie vorher, aber sie selbst waren anders. Plötzlich lobten ihre Lippen, sangen sie Lieder, beteten sie Gott an. Und es waren dieselben Lippen, über die sonst nur Flüche und harte Worte kamen. Weihnachten verwandelt nicht die Verhältnisse, sondern die Menschen.

Und die Menschen, die darüber berichtet, die es auf den Papyrus geschrieben hatten, hatten bekannt, nun sei die Freude vollkommen. Dabei waren ihre Gemeinden in demselben traurigen Zustand geblieben wie zuvor. Aber Freude, Mut und Zuversicht floß aus der Feder der Berichterstatter. Weihnachten wandelte keine Verhältnisse – aber Menschen.

Und wenn wir umkehren und zurück in unseren Alltag gehen, müssen wir wissen, welches Ziel das Christfest hat: es will Menschen wandeln. Mögen die Verhältnisse zunächst bleiben, wie sie sind, mag unsere Umwelt die alte bleiben. Wir sollen nach Gottes Plan nicht die alten bleiben; deshalb kam Jesus zu uns. Offenbar geht Gott den umgekehrten Weg. Wir meinen, wenn sich die Verhältnisse gebessert haben, dann wird alles gut; wenn wir im Lotto gewonnen haben, wenn wir eine größere Wohnung beziehen können, wenn wir in eine bessere Stellung gerückt sind, wenn erst einmal der unangenehme Abteilungsleiter verschwunden ist – dann wird alles gut.

Im Großen klingt es ähnlich: Wenn der Sozialstaat perfekt ist, wenn die klassenlose Gesellschaft erreicht ist, wenn die UNO richtig funktioniert, dann sind wir dem Frieden nahe.

Gottes Rangordnung ist anders. Er setzt den Hebel bei den Menschen an. Die Umgestaltung der Welt und ihrer Verhältnisse steht am Ziel des göttlichen Plans. Den Anfang macht er bei den einzelnen Menschen: bei den Hirten, bei den Briefschreibern, bei Ihnen und bei mir. Nur wenn wir anders werden, wird unsere Umgebung anders. Aber wie ist das möglich? Genau dieses Wunder beschreibt der Anfang des 1. Johannesbriefes. Es ist ein seelsorgerlicher Brief an die christliche

Gemeinde aus dem 1. Jahrhundert. Die Briefschreiber, die Hirten und viele Menschen nach ihnen wurden anders, weil sie erstens das Wort des Lebens gehört, weil sie zweitens das Wort des Lebens gesehen und weil sie drittens das Wort des Lebens gesagt haben.

## Sie haben das Wort des Lebens gehört,

obwohl tausend andere Worte an ihr Ohr drangen. Im Alltag der Hirten fielen rauhe Worte. Mit bösen Worten wurden sie an die Arbeit getrieben, und mit harten Worten wurden sie empfangen, wenn sie die Herde in den Stall zurücktrieben. Sie lebten mit Kommandoworten, Befehlsworten, mit Worten, die ihr Leben einengten.

Und der Autor des 1. Johannesbriefes hatte es auch nicht leicht. Irrlehrer in den eigenen Gemeinden rissen den Mund weit auf und wollten weismachen, daß Gott nie ein Mensch geworden sei, sondern nur seinen Geist einem Zimmermannssohn aus Nazareth vorübergehend geliehen habe. Sie lebten mit frommen, aber leeren Worten, die das Leben beschwerten.

Böse und falsche Worte kennen wir auch. Da fällt ein böses Wort in der Familie: der andere erwidert es; ein Wort gibt das andere, und der Streit verdirbt den schönsten Festtag. Oder wir blättern die Weihnachtspost durch. Freunde wünschen uns ein fröhliches Fest und ein gutes neues Jahr. Es ist nett, daß sie an uns denken, aber was besagen diese Worte? Sind es nicht leere und tote Worte, Formeln, die man so hinschreibt? Und dann lesen wir von großen Worten, von Grußworten und Adressen der Politiker in Ost und West, die so viel vom Frieden reden und so wenig Frieden bewirken. Es sind Worte, die leer und hohl sind.

Die damals haben zwischen allen toten Worten ein lebendiges Wort herausgehört. Es war kein Modewort, das jedermann im Munde führte. Es war auch kein Schlagwort, das nur kurze Zeit lebt. Es war auch kein Befehlswort, das neue Pflichten auferlegte. Nein, das Wort des Evangeliums ist ein Wort der Befreiung. Und so hörten sie damals ein Lebenswort, das bei den Hirten so klang: »Euch ist heute der Heiland geboren.« Und im Johannes-Evangelium heißt es so: »Das Wort ward Fleisch und wohnte unter uns.« (Johannes 1,14) Ihnen ist es zumute gewesen wie Gefangenen, zu denen ein Mitgefangener kommt, der das Wort des Lebens mitbringt; d. h. der alle Gefängnisschlüssel unter seinem Mantel trägt. Er kann Schlösser und Riegel aufmachen. Wenn er vom Leben spricht, weiß er den Weg dazu, und er kann ihn öffnen.

## Sie haben das Wort des Lebens gesehen.

Die Hirten auf dem Feld hörten das Wort des Lebens, das plötzlich mitten in der Nacht zu ihnen drang. Aber dann legten sie sich nicht wieder aufs Ohr um getröstet und gemütlich weiterzuschlafen. Für sie war das Wort vom Frieden Christi kein Ohropax, das ruhig träumen läßt. Die Hirten sprangen auf, sie griffen nach ihren Stöcken und Ziegenfellflaschen und zogen los. Dabei gab es keinen ausgeschilderten Weg. Sie hatten Mühe, den Stall zu finden. Aber sie fanden ihn. Und dann sahen sie, was sie mit ihren Ohren gehört hatten. Sie sahen den Heiland. Sie sahen, der Retter war geboren.

Weihnachten hören viele Menschen das Wort des Lebens und schlafen dann wieder beruhigt ein ganzes Jahr ein. Luther sagt sogar: »Sie schnarchen, daß die

Balken krachen.« Es ist so, als ob das »Fürchtet euch nicht« eine Garantieerklärung für zwölf Monate sei.

Genau wie die Hirten müssen wir uns aufmachen und dorthin gehen, wo er geboren ist. Der Ort aber, wo das Wort »Fleisch wird«, ist überall auf dieser Erde; überall da, wo es eine christliche Gemeinde gibt. Da, wo zwei oder drei Menschen sich zusammenfinden und Jesus anbeten, da ist er bei ihnen, wie das Kind zwischen Maria und Josef. Es wird uns Mühe machen, diesen Ort zu finden. Die Hauptverkehrsstraßen führen sonntags in die Wintersportgebiete, zu den Fußballstadien, zu den Restaurants und nicht in die Gemeinde. Der Besucherstrom geht an der Kirche vorbei. Trotzdem gibt es immer wieder Menschen, die den Weg finden. Ihnen ist es ganz gleich, wie der Raum aussieht, in dem sie zusammenkommen. Ihnen ist es auch ganz gleich, wer es ist, der sich da um die Krippe versammelt. Es heißt: »Siehe da, die Hütte Gottes bei den Menschen.« (Offenbarung 21,3) Wäre Jesus in einem Schloß zur Welt gekommen, dann hätten ihn nur einige wenige Auserwählte besuchen können. Nun ist er aber in einer Hütte geboren worden. Deshalb sind sie alle eingeladen, die Abgerissenen und Abgestempelten, die Ausgebrochenen und Ausgeschlossenen, die Bedrängten und Belasteten. Sie alle sollen das Wort des Lebens sehen.

## Sie haben das Wort des Lebens gesagt.

Schauen wir uns noch einmal die Hirten an. Es sind fröhliche Burschen geworden. Sie singen Loblieder, sie preisen, sie beten Gott an. Aber das ist nicht alles. Ausdrücklich wird vermerkt: »Sie breiteten das Wort aus, das ihnen von diesem Kind gesagt ward.« Das ist mehr als eine fröhliche Hirtenmusik am Lagerfeuer.

Die Hirten zogen wieder los, hinüber auf die Felder der Nachbarstämme, und sie berichteten ihnen, was sie gesehen und erlebt hatten und sagten: »Das müßt ihr auch wissen.« Das Wort des Lebens ist zum Weitersagen. Dazu braucht man keine besonderen Fähigkeiten. Die Hirten hatten nicht etwa eine Ausbildung in Rhetorik gemacht. Sie sagten es mit ihren einfachen Worten, und die Briefschreiber, die es dann schriftlich niederlegten, waren auch nicht sattelfest in der griechischen Bildung. Das merkt man heute noch ihren Sätzen an. Aber sie schrieben es so, wie es ihnen aus der Feder floß. Gott schaut nicht auf Grammatik. Wichtig war, daß sie der Welt sagten, was sie gehört und gesehen hatten: Euch ist heute der Heiland geboren, der Retter, der Helfer.

Ist durch Weihnachten etwas anders geworden?

Ja, denn Christus, der Retter, ist da.

# Nur ein Kind

**Ein Engel erscheint dem Josef im Traum und sagt zu ihm – »Steh auf, nimm das Kind und seine Mutter, flieh nach Ägypten und bleib da, bis ich es dir sage; denn Herodes will das Kind umbringen lassen.«**

Josef steht sofort auf und macht sich mit Maria und dem Kind auf den Weg nach Ägypten. Dort bleibt er, bis Herodes gestorben ist. Maria und Josef sind auf der Flucht.

Vorbei das Krippenidyll und die Hirtenromantik. Kein Ton mehr von Jubelchören oder Friedensschalmeien. Es riecht nicht mehr nach Weihrauch und Myrrhe – im Gegenteil, die Hauptpersonen verlassen fluchtartig den Stall.

Und dann geschieht das Entsetzliche: Auf der Suche nach dem Kind läßt Herodes alle kleinen Kinder umbringen. Die Luft ist erfüllt vom Geschrei der Mütter. In Bethlehem riecht es nach Blut und Verwesung. Weihnachten erscheint wie eine winzige Episode, ein heller Lichtfleck in einer großen Tragödie.

Ist das auch unser Weihnachten? Befinden auch wir uns auf der Flucht von der Krippe? Sind auch wir wieder unterwegs in einer Welt, in der die Macht der Mächtigen über die Ohnmacht der Ohnmächtigen

triumphiert? Damals war es Herodes I., dieser Blut-
hund der Antike, der sich schon mit 25 Jahren dadurch
hervortat, daß er den jüdischen Widerstandskämpfer
Hiskia mitsamt seinen Leuten kurzerhand hinrichten
ließ. Später trieb er ganze Partisanenfamilien in die
Felsenhöhlen von Galiläa und räucherte sie mit Feuer-
bränden aus. Im Jahre 7 v. Chr. erdrosselte er sogar die
beiden eigenen Söhne wegen Hochverrats.

Herodes ist leider keine Ausnahmeerscheinung geblieben. Viele brutale Gewaltherrscher folgten ihm.
Um ihre eigene Macht zu sichern, ist ihnen jedes
Mittel recht. Opponenten werden mundtot gemacht,
Gegner liquidiert, Geiseln erschossen, Stämme ausra-
diert, Dörfer niedergemacht, Kriege geführt. Tyrannen
gibt es in Ost und West.

*Und immer geht es auf Kosten der Kinder.* Kinder sind
die Leidtragenden in all diesen Machtkämpfen und
Brutalitäten. *Damals waren es die Kinder von Bethlehem,*
die von königlichen Schergen aus den Armen der
Mütter gerissen und geschlachtet wurden wie Vieh.
*Dann waren es die Kinder von Berlin, die aus einem
jüdischen Kinderkrankenhaus abtransportiert wurden:*
»Die Babys«, so schreibt eine Augenzeugin, »die klei-
nen durchdringenden Schreie der Babys, die mitten in der Nacht aus ihren Bettchen geholt wurden, die
Babys waren wohl das Schlimmste. Das Jammern der
Säuglinge schwoll an; es füllte alle Ecken und Ritzen
der gespenstisch beleuchteten Baracke. Es war fast
nicht zu ertragen. Nur ein Name kam in den Sinn:
Herodes.« *Dann waren es die Kinder von Dresden und
Hiroshima, die im Archipel Gulag und die von Bangla-
desch. Heute sind es die Kinder, die wegen einer kaputten
Ehe keine Nestwärme mehr finden, und die Kinder, die
wegen eines falschen Prestigedenkens der Eltern einem
unglaublichen Leistungsdruck ausgesetzt sind, und die
Kinder, die wegen lumpigem Geld zum Opfer von Verbre-*

111

*chen werden* – oft schon vor ihrer Geburt. Sie können sich ja nicht wehren. Ihre Stimme reicht nicht weit. *Kindeskraft ist schnell gebrochen.* Und vielleicht hat jener französische Kinderarzt doch recht, wenn er nicht vom »Jahr des Kindes« sprach, sondern vom »Jahrhundert des Kindermords«. Die Macht der Mächtigen über die Ohnmacht der Ohnmächtigen ist unsere Wirklichkeit.

Haben wir deshalb etwa eine andere Möglichkeit, als an der Systemveränderung mitzuarbeiten? Sind wir deshalb nicht geradezu gezwungen, zum Klassenkampf aufzurufen und die Herodesse gewaltsam zu stürzen?

Die Bibel zeigt einen anderen Weg. Herodes soll nicht durch Anti-Herodes abgelöst werden, der das grausame Spiel dann auf seine Weise fortsetzt. *Die Alternative heißt Jesus. Zu ihm sollen wir umkehren. Durch ihn sollen wir uns verändern.* Einen anderen Namen gibt es nicht. Ein anderer Weg ist uns nicht gezeigt. Eine andere Chance ist nicht vorhanden.

*Mitten in der Macht der Mächtigen und der Ohnmacht der Ohnmächtigen ist zu Weihnachten die Macht des Ohnmächtigen zur Welt gekommen.* Wer sich ihr anvertraut, merkt: Diese Macht ist keine Scheinmacht, sondern Schutzmacht, Übermacht und Allmacht.


## Die Schutzmacht

Die Macht des Ohnmächtigen ist eine Schutzmacht. Darauf vertraute der wortkarge, schweigsame Josef. Als der Engel mitten in der Nacht zu ihm redet, weiß Josef, daß Gott selbst mit ihm sprechen will: »Steh auf, nimm deine Familie und flieh nach Ägypten.« Josef antwortet nicht etwa: »Herr, das Kind ist neugeboren, es verträgt noch keine Strapazen.« Er argumentiert auch nicht: »Herr, ich habe doch nichts getan; ich habe keine Schuld; warum soll ich denn fliehen?« Josef diskutiert auch nicht: »Herr, ich bin doch in Galiläa zu Hause. Was soll ich in Ägypten?« Das alles sagte Josef nicht. Er stand auf, nahm Maria und das Kind und machte sich auf den Weg nach Ägypten.

Josef unterstellte sich Gott, der von allen Plänen der Menschen nicht überrascht wird. Noch ehe sie sie ausgedacht haben, sind sie bei ihm längst überholt. *Gott reagiert nie, er kommt immer zuvor.* Und seine Schutzmacht endet nicht an den Landesgrenzen. Sie ist durch keinen Schlagbaum aufzuhalten. Sie wird bei dem Kind am Nil ebenso sein wie später am Jordan. Sie wird diesen Jesus auch dann umgeben, wenn sie ihm die Tür weisen und er erkennen muß: »Die Füchse haben Gruben und die Vögel ihre Nester, aber des Menschen Sohn hat nicht, wo er sein Haupt hinlege.« (Matthäus 8, 20).

Gottes Schutzmacht ist überall. Wer so gehorsam wie Josef dem Auftrag Gottes folgt, wird keinen Weg betreten, der geradewegs in den Himmel führt. Im Gegenteil: Es kann ein Weg auf der Flucht sein, wo sich Männer und Frauen mit ihren Kindern vor dem nachrückenden Feind in Sicherheit bringen. Es kann auch ein Weg in die Fremde sein, wo eine andere Sprache gesprochen wird und das Heimweh nach der alten Heimat nie erlischt. Heimatvertriebene und Fremdarbeiter haben ein schweres Los. Es kann ein Weg in die Verachtung sein, wo andere für den Glauben nur Spott übrig haben. Und es kann ein Weg in die Isolation sein, wo man sogar in der eigenen Familie den Glauben allein leben muß.

Aber welchen Weg wir auch einschlagen, nie wird er aus dem Schutzbereich hinausführen. Überall zeichnet Gott selbst für unseren persönlichen Schutz verantwortlich. Noch liegt das neue Jahr im dunkeln vor uns. Aber auch da gilt die Wahrheit, die Dietrich Bonhoeffer in einer seiner schwersten Stunden unvergeßlich formulierte: »Von guten Mächten wunderbar geborgen, erwarten wir getrost, was kommen mag. Gott ist mit uns am Abend und am Morgen und ganz gewiß an jedem neuen Tag.«

## Die Übermacht

Die Macht des Ohnmächtigen ist eine Übermacht. Daran erinnert sich Josef, dieser fromme Mann, der in der israelitischen Heilsgeschichte großgeworden ist. Ägypten ist für ihn kein Fremdwort, sondern ein Wort des Glaubens.

Den Weg dorthin ist schon der Patriarch Josef gegangen, als er zum Sklavenmarkt in das Nachbarland getrieben wurde. Dann gingen die elf Brüder diesen Weg, als sie aus Hungersnot zum Getreidekauf in das Pharaonenland zogen.

Schließlich ging ihn der Stammvater Jakob, als er im Rahmen der Familienzusammenführung an den Nil übersiedelte. Ganz Israel lebte nun in der Fremde. *Aber Ägypten blieb nicht Endstation.* Mitten in der Nacht weckte Gott das Volk und forderte es auf: »Steht auf, nehmt eure Familien und flieht aus Ägypten.« Keiner argumentierte: »Herr, wir haben es schon probiert, aber es geht nicht.« Keiner diskutierte: »Herr, aus den Klauen des Pharaos kommen wir nicht heraus.« Alle standen auf, packten das Nötigste zusammen und verließen Ägypten. Hinter ihnen jagten 600 ägyptische Streitwagen mit den Elitetruppen des Pharao her, um sie wieder zurückzutreiben. Aber was kann eine Militärmacht gegen Gottes Übermacht ausrichten? Dann stand das Volk Israel an dem unüberbrückbaren Meer und konnte nicht weiter. Aber was kann eine Naturmacht gegen Gottes Übermacht ausrichten? Die Fluten teilten sich und gaben den Weg frei. Als das Volk das Meer hinter sich hatte, bekam es Hunger und Durst und hatte Heimweh nach dem guten Essen in Ägypten. Da ließ Gott Wasser aus dem Felsen fließen und Brot vom Himmel fallen. So rief Gott sein Volk aus Ägypten, und so rief Gott auch seinen Sohn später wieder aus Ägypten.

An diese enge Weg- und Schicksalsgemeinschaft zwischen Israel und Jesus denkt Josef und macht sich in großer Ruhe und Gelassenheit auf den Weg.

Wer so glaubt wie Josef und Jesus folgt, wird keine Welt erleben, in der der Machtkampf der Mächte zu Ende geht. Uns scheint es oft so, als ob wir erst am Anfang der schlimmsten Auseinandersetzungen stehen. Die Großmächte setzen wieder auf ihr militärisches Arsenal. Die Ölmächte pokern mit dem »schwarzen Gold«. Die Untergrundmächte legen Bomben und halten Geiseln fest. Gesellschaftliche Spannungen setzen Energien frei und entladen sich in Demonstration und Gewalttätigkeiten. »Ihr habt uns in Beton geboren«, schrien jugendliche Straßenkämpfer am Heiligen Abend in Zürich, »und wundert euch, daß wir Steine in den Händen tragen.«

Trotzdem wird keine Macht dieser Welt so groß werden, daß sie der Macht dieses Christus gefährlich werden könnte. Wer an seiner Hand geht, ist vor dem Zugriff des Bösen sicher.


## Die Allmacht

Die Macht des Ohnmächtigen ist die Allmacht. Josef kannte die prophetische Verheißung: »Die Strafe liegt auf ihm, auf daß wir Frieden hätten, und durch seine Wunden sind wir geheilt.« Josef hörte von der Terroraktion in Bethlehem, die dem Kind Jesus gegolten und die unschuldigen Kinder getroffen hatte. Liegt also die Strafe auf ihnen, diesen kleinen, unschuldigen Säuglingen und ihren untröstlichen Müttern, damit die heilige Familie in Frieden leben kann? Ganz sicher nicht. *Jesus ist nicht bewahrt worden vor dem Kreuz, sondern für das Kreuz.* Sein Leben war nach Gottes Plan zur Hingabe am Kreuz bestimmt. *»Nicht Ägypten ist Fluchtpunkt der Flucht«*, hat Kurt Marti geschrieben, *»das Kind wird gerettet für härtere Tage. Fluchtpunkt der Flucht ist das Kreuz.«* Dort muß Jesus hin. Dort wird es ihn statt der Kinder treffen. Dort stirbt er an unserer Statt. All unsere Last, all unsere Not, all unsere Verzweiflung, all unsere Schuld müssen wir nicht mehr allein schleppen und uns damit zu Tode quälen. Jesus bürdet sie sich auf und lastet sie hinauf ans Kreuz. Gott bricht mit der Allmacht seiner Liebe auch die letzte Großmacht dieser Welt – nämlich den Tod. Nun darf uns selbst das Sterben nicht mehr schrecken. Und wenn uns neue Entsetzensmeldungen in Angst und Panik bringen wollen, wenn uns liebe Menschen von der Seite gerissen werden, wenn wir selbst einmal auf dem Sterbelager liegen, dann dürfen wir wissen: Die Macht des Ohnmächtigen triumphiert. Weihnachten hat dieser Siegeszug begonnen.

# Das unkündbare Quartier

Drüben wohnen sie, die beiden alten Menschen. Sie haben dort schon immer gewohnt. Vor 75 Jahren wurde der Mann in diesem Haus geboren. Damals war alles noch herrschaftlich. Kastanienbäume standen vor dem Haus, und Dienstboten benutzten einen Extraeingang.

In der Belle Etage wohnte der Geheimrat, und im Obergeschoß logierte ein Beamter von der alten Kanzlei. Aber dann kam der Krieg. Stürme gingen darüber hinweg. In den fünfziger Jahren mußte der Vorgarten wegen Verbreiterung der Straße hergegeben werden. Der Lärm wurde immer unerträglicher. Die Mieter zogen aus. Jetzt sind die beiden Leute mit dem Haus alt geworden. Das Haus ist heruntergekommen. Durch einige Fenster streicht der Wind.

Das alte Ehepaar ist bedrückt. Nicht nur deshalb, weil sie keinen Aufzug haben und die Kohlen schleppen müssen. Auch nicht deshalb, weil sie als einzige in dem großen Haus wohnen. Sie legten mir ein Schreiben mit amtlichem Briefkopf vor, in dem der Abbruch des Hauses auf Januar angekündigt wird. Ihr Haus liegt im Sanierungsgebiet. Die Planierraupen kommen. Der Abschied von der alten Heimat steht bevor. Aber sie haben noch keine neue Heimat. Ihr

Suchen war bisher erfolglos. Sie müssen gehen, aber sie wissen nicht, wohin. Das ist der tiefste Schmerz.

Stadtproblem, sagen die Planungsexperten. Lebensproblem, sagt die Bibel. Unser Leben gleicht einem Haus, in das wir hineingeboren werden. Wehmütig blickt einer zurück und stellt fest: Früher ging es hoch her. Freunde besuchten uns, und wir besuchten sie. Aber dann kam die erste Krankheit. Lebensstürme brausten über uns hinweg; und da war der Krieg, die Nachricht, daß Menschen gefallen waren, die zu uns gehörten. Das Haus schwankte in den Grundfesten. Es wurde einsamer. Die Kinder zogen aus, Freunde zogen weg, Bekannte starben, und jetzt ist man grau geworden. Die Last des Alters beschwert und bedrückt. Nicht deshalb, weil jeder Schritt ein Schmerz ist. Auch nicht deshalb, weil Verwandte einen schneiden und für überflüssig halten. Nein, der Abschied steht bevor. Das Haus ist gekündigt. Wir müssen gehen, aber wir wissen nicht, wohin.

Alle unsere Lebenshäuser stehen im Sanierungsgebiet. Wir haben es schriftlich, daß der Abbruch bevorsteht. Nichts ist so sicher wie das. Nun können wir diese Terminsache weit von uns schieben und darauf hinweisen, daß wir erst 20 sind. Wir können darüber diskutieren und uns einreden, daß ja alles halb so schlimm ist. Wir können den Tod bagatellisieren und behaupten, dies sei nur ein harmloser Grenzübertritt von einem in das andere Land. Tatsache bleibt: Wir müssen gehen, aber wir wissen nicht, wohin.

Der Dichter Wolfgang Borchert hat es einmal so formuliert: »Wir sind eine Generation ohne Abschied, ohne Glück, ohne Heimat. Denn wir haben nichts, zu dem wir heimkehren können.« Der Apostel Paulus weiß es anders. Er erlebt es in seiner Gemeinde in Korinth. Dort haben gescheite Redner verkündigt, daß man mit dem Philosophen Plato auf die Leiblosigkeit hoffen dürfe, die nach dem Tode ohne den Ballast des Körpers frei im Raum schwebe. Aber die Leute in Korinth hatten deutlich erkannt: Diese Leiblosigkeit war nur eine neue Spielart der Hoffnungslosigkeit. Sie wollten aber wissen, wohin ihr eigener Weg führte. Dazu sagt Paulus: Ich weiß es. Der Vater hat ein Haus. Der Sohn belegt das Haus. Der Heilige Geist garantiert das Haus.

## Der Vater hat ein Haus

Ja, ein Haus, »nicht mit Händen gemacht, das ewig ist im Himmel« (2. Korinther 5, 1). Daß Gott auf Erden ein Standquartier hat, wissen wir aus dem Alten Testament. Zuerst war es eine Hütte, die Stiftshütte, die vom wandernden Gottesvolk mitgetragen wurde. Dann erhielt König Salomo Befehl, das Haus des Herrn zu bauen: 60 Ellen lang, 20 Ellen breit und 30 Ellen hoch. Nachdem der Bau vollendet war, erschrak Salomo selbst: »Sollte Gott wirklich auf Erden wohnen? Siehe, der Himmel und aller Himmel Himmel können dich nicht fassen; wie sollte es denn dies Haus tun?« (1. Könige 8, 27).

Trotzdem wurde der Tempel zur Stätte Gottes. Bis zum Jahr 70 nach Christus, als die Flammen über dem Gebälk zusammenschlugen und die Steine übereinanderfielen.

Dann war Gott dort, wo Menschen in den Häusern zusammenkamen und das Brot brachen. Das ist bis zum heutigen Tag so. Es muß keiner unbehaust bleiben. Wer zu Gott kommt, der hat ein Dach über dem Kopf und vier schützende Wände. Aber das ist nicht alles, was Gott besitzt.

Paulus will, daß wir die Größe und Herrlichkeit

unseres Gottes nicht einschränken. Gott hat noch ein anderes Haus. Viel größer und nicht mit Ellen oder Metern abzumessen. Unser Blick soll nicht an dieser Erde hängenbleiben. Tausend Jahre sind vor Gott wie ein Tag. Es wäre borniert und kleinkariert von uns, Gottes Haus im Himmel zu leugnen.

Über die Architektur werden keine Angaben gemacht. Gott läßt sich nicht in die Pläne schauen. Gott erwartet Glauben von uns. Jedenfalls haben unsere Hände nicht daran gearbeitet. Deshalb braucht das Haus auch keine Renovierung, keine Modernisierung, keine Sanierung. Dieses Haus steht ewig. Aber wie kommen wir in Gottes Haus?

## Der Sohn belegt das Haus

Jesus ist die Person, die darüber entscheidet. Von ihm haben wir die Information über den Himmel. Es ist nicht wahr, daß die Nachricht von einem ewigen Zuhause frommes Wunschdenken ist, eine Jenseitsspekulation, Selbsttäuschung aus Angst vor dem Tod. Jesus selbst hat darüber berichtet. Er kam von dort her auf unsere Erde: »Das Wort ward Fleisch und wohnte unter uns, und wir sahen seine Herrlichkeit« (Johannes 1, 14), heißt es im Weihnachtsevangelium. Gott zog in unsere armselige Hütte ein. Aller Jammer und alle Not konzentrierte sich darin. Jesus nahm die ganze Gebrechlichkeit und Vergänglichkeit menschlichen Daseins auf sich. Am Karfreitag wurde dieses Haus auch abgerissen. In dem schrecklichsten Abbruch, den es je in der Geschichte gegeben hat. Als ihm alles zusammenstürzte, schrie er: »Mein Gott, warum hast du mich verlassen?« Aber Gott hatte ihn nicht verlassen. Im Geheimnis der Osternacht baute er die zerbrochene Hütte wieder auf. Nicht als Zelt, sondern als ewiges Haus. Als Jesus nach seiner Auferstehung den Jüngern begegnete, sahen sie die neue Heimat, die ewig ist im Himmel. Und Jesus sagte zu ihnen: »In meines Vaters Hause sind viele Wohnungen, und ich gehe hin, euch die Stätte zu bereiten, auf daß ihr seid, wo ich bin.« (Johannes 14,2–3). Im letzten Buch des Neuen Testaments, in der Offenbarung, beschreibt Johannes seine Vision: »Ich sah die Hütte Gottes bei den Menschen! Und er wird bei ihnen wohnen und sie werden sein Volk sein, und er selbst, Gott, wird mit ihnen sein; und Gott wird abwischen alle Tränen von ihren Augen, und der Tod wird nicht mehr sein.« (Offenbarung 21,3–4).

Ohne Jesus ist unsere Lage todernst. Wir werden alle offenbar werden vor dem Richterstuhl Christi. Mit dem Tod ist nicht alles aus. Unser aller Lebensstraßen enden vor den Schranken des letzten Gerichts. Auch mein Fall wird dort aufgerufen, und meine Akte kommt auf den Tisch. Wohl dem, der dann bei Jesus in den Büchern steht. Wohl dem, der dann nicht nur zum Gericht geladen, sondern in Gottes Haus eingeladen wird. Wohl dem, der dann den Richter als Quartiermacher kennt, der schon einen unkündbaren Platz belegt hat. Die Beziehung zu Jesus muß heute geknüpft werden, damit wir morgen und übermorgen wissen, wohin. Diesen letzten Platz sagt Gott seinen Leuten aber nicht nur zu, sondern er garantiert ihn.

## Der Heilige Geist garantiert das Haus

Der Apostel Paulus schreibt, daß der Geist das Unterpfand dafür sei. Man kann darüber setzen: Der Geist ist der Vorschuß, die Anzahlung, die Garantieerklärung. Paulus erklärt es im Römerbrief so: »Wenn nun der Geist des, der Jesus Christus von den Toten auferweckt hat, in euch wohnt, so wird derselbe, der Jesus Christus von den Toten auferweckt hat, auch eure sterblichen Leiber lebendig machen« (Römer 8,11). Der Geist ist also eine Tragkraft, die nicht bricht, auch wenn alle anderen Kräfte uns verlassen. Manche Dinge scheinen uns zu schwer. Manche Probleme nicht mehr tragbar, mancher Schmerz uns kaputtzumachen. Aber der Geist Gottes hilft unserer Schwachheit auf und trägt durch. Er ist eine Schwerkraft, die sich nicht von dem trennen läßt, der gestern war, der heute ist und der derselbe sein wird in alle Ewigkeit. Dieser Geist ist eine Zugkraft, die durch unser Leben geht und nach vorn reißt.

In uns zerren immer wieder andere Kräfte – die Trauer um Menschen, die uns lieb sind und die wir verloren haben – der Schmerz von Krankheit – oder Dinge, die wir nie bekommen und nach denen wir uns sehnen. All das will uns in die Tiefe ziehen. Aber der Heilige Geist zieht nach vorn und bringt eine neue Mobilität in unser Denken und Handeln. Das Sterbliche wird vom Leben verschlungen werden. Wir sollen verwandelt werden. »Das Verwesliche muß anziehen die Unverweslichkeit« (1. Korinther 15,53). »Siehe, ich mache alles neu!« (Offenbarung 21,5). Das muß unser Leben bestimmen.

Und das wollte Paulus auch seiner Gemeinde sagen. Wir sind keine »Generation ohne Abschied, ohne Glück, ohne Heimat«. Wir haben einen Ort, an den wir heimkehren können. Gott hat ihn gebaut. Jesus hat ihn belegt. Der Heilige Geist hat ihn garantiert. Mit Jesus hat die helle Zukunft schon begonnen.

**Leseprobe aus**
**»Kein Tag wie jeder andere«, Winrich Scheffbuch**
Kurzgeschichten

Tb., 96 S., Bestell-Nr. 56.789
ISBN 3-7751-1237-5

## Keine Waffen und – Bibeln

Als junger Pfarrer kannte ich die bedrängte Gemeinde Jesu in Osteuropa kaum. Aber ich hörte manche Berichte über die fehlenden Bibeln, und wir hatten seit langem einen engen Briefkontakt mit deutschen Gemeinden in Rumänien.

So beschlossen meine Frau und ich, unseren Sommerurlaub dort auf dem Balkan zu verbringen. In der Gemeinde wurde guterhaltene Kleidung für die Hochwassergeschädigten an der Moldau gesammelt. Wir wollten sie an Ort und Stelle unter Bedürftige verteilen.

Bevor wir in der Nacht aufbrachen, war es uns doch etwas bang. Wir sangen noch am Klavier viele Verse des Liedes:

> In allen meinen Taten
> laß ich den Höchsten raten,
> der alles kann und hat;
> er muß zu allen Dingen,
> soll's anders wohl gelingen
> mir selber geben Rat und Tat.

Mir ist dieses Lied, das einst der junge Arzt Paul Fleming gedichtet hat, immer wieder eindrücklich. Er stand damals vor einer schwierigen und gefährlichen Reise, die mehrere Jahre dauern sollte.

Auch alle Gefährdungen sind in diesem Lied bedacht, wo es dann in großem Vertrauen heißt:

> Er mag's mit meinen Sachen
> nach seinem Willen machen;
> ich stell's in seine Vatergunst.

Die lange Nachtfahrt durch Jugoslawien war anstrengend. Endlich tauchte der rumänische Grenzübergang vor uns auf. Wir beteten miteinander.

Doch die Ausfahrt aus Jugoslawien wurde uns zum Verhängnis. Der Zöllner winkte uns auf die Seite. Ich nahm an, daß er sich die vielen Kartons mit den Kleiderspenden anschauen wollte. Auch wenn unser Kombi bis unters Dach beladen war, durfte es eigentlich keine Schwierigkeiten geben. Gebrauchte Kleidung war zollfrei. Und jetzt nach dem großen Hochwasser war man dankbar für alle Hilfe, die ins Land gebracht wurde.

Damit aber hatte ich nicht gerechnet, daß ausgerechnet ein jugoslawischer Zöllner sich für meine persönliche Bibel interessieren würde. Er mußte sie gesehen haben, als ich den Paß aus meiner Handtasche holte. Jetzt prüfte er sie genau und sah, daß sie vom vielen Benützen abgegriffen war.

Erst holte der Zöllner noch zwei Kollegen. Auf dem großen Parkplatz begannen sie dann mit einer vierstündigen Wühlarbeit. Die großen Kartons wurden langsam und sorgfältig untersucht. Jedes einzelne Kleidungsstück ausgebreitet und geprüft. Schon bald fanden sie die ersten Bibeln zwischen den Kleidern.

Der Zöllner hatte richtig kombiniert. Ein Tourist, der selbst in der Bibel liest, wird bei dem großen Bibelhunger in Osteuropa nicht mit leeren Händen kommen. So löste meine eigene Bibel die große, mehrstündige Suchaktion aus.

Dann lag endlich alles Gepäck breit ausgelegt auf dem Parkplatz. Und wir mußten die Durchsuchung stundenlang mitansehen. Jetzt begannen sie auch noch, das Futter aus dem Wageninnern zu entfernen. Doch da war nichts versteckt.

Zum Schluß verhörten sie uns. Wir holten unseren Reiseführer hervor und zeigten den Satz, in Rumänien herrsche Religionsfreiheit. Wer sie behindere, werde nach sozialistischen Gesetzen bestraft.

»Ja«, lächelte der Zöllner verschmitzt, »Sie hätten Ihre Bibeln schon bei der Ausreise aus Österreich verzollen müssen.«

»Wieviel Transitzoll bezahlt man denn in Jugoslawien für eine Bibel?« fragte ich. Schließlich gab er zu, daß Waffen und – Bibeln nicht verzollt werden können.

Jeder Zettel wurde prüfend gelesen. Eine Packung kleiner biblischer Bilder in meiner Tasche wurde ebenso beschlagnahmt wie die Bibeln und andere christliche Bücher, auf die man in den Gemeinden in Rumänien schon lange wartete.

Selbst den Reiseführer wollte man uns wegnehmen, doch schließlich konnten wir die Zöllner davon überzeugen, daß darin nichts Christliches stand. Wir durften ihn behalten.

Eine lange Diskussion kam in Gang wegen eines Packens »Jugendfreunde«, jener Verteilblätter vom Kindergottesdienst, die bei uns als Restexemplare in der Gemeinde übriggeblieben waren. In den deutschen Gemeinden auf dem Balkan würde man sich darüber freuen, dachte ich. Die Zöllner waren etwas irritiert, ob es sich um christliche Schriften handelte. Sie stutzten, weil bei den spannenden Jugendgeschichten immer auch allgemeine Bilder abgedruckt waren. Ein großes Foto von einem Flugzeug gab schließlich den Ausschlag: Wir durften den Packen mitnehmen.

Die vielen neuen Wolldecken, Bettwäsche und Kleider für die Hochwassergeschädigten interessierten sie nicht. Das war kein Zollgut. Aber das Buch des Lebens, Gottes Wort!

Wir kamen glimpflich davon mit 15 Mark Geldstrafe und Beschlagnahmung aller christlichen Bücher und Bibeln.

Nur schwierig wurde dann wieder das Einpacken all der zurückgegebenen Güter. Obwohl jetzt eine ganze Anzahl Bücher fehlte, waren die vielen Dinge kaum mehr in das Auto zu quetschen. Die Türen gingen nicht mehr zu. Schließlich hatte ich noch den Packen »Jugendfreunde« auf meinem Schoß, als wir hinüber zu den rumänischen Zöllnern fuhren. Doch die interessierten sich für nichts mehr und winkten uns durch.

Als mich dann später mein Weg zum Missionsbund *Licht im Osten* in Korntal führte, verstand ich erst, warum in den kommunistischen Staaten des Ostens Mission und Bibelverbreitung mit allen Mitteln unterdrückt werden.

Die Atheisten ahnen, welche Sprengkraft das Wort Gottes hat.

hänssler

Bärbel Wilde

# Volltreffer

Wie man Lebenschancen nutzt

Tb., 80 S., Nr. 70.457, DM 4,80, ISBN 3-7751-1094-1

Chancengleichheit… Reizwort im Kampf um Ausbildung und Arbeitsplatz. Lebenserfüllung jedoch hängt nicht von beruflichem Erfolg ab. Denn Sehnsucht nach erfülltem Leben haben alle: Frau und Mann, Arme und Reiche, Junge und Alte. Wer in diesem Zusammenhang gezielt die Frage nach Gott stellt, entdeckt zu seiner Überraschung, daß hier Chancengleichheit besteht. Bärbel Wilde zeigt, daß jedes Leben ein Volltreffer sein kann, wenn nach Gott gefragt wird.

D. Rhoton

# Die Logik des Glaubens

Argumente, Denkanstöße

Tb., 112 S., Nr. 70.002, DM 8,80, ISBN 3-7751-1174-3

● Was sagen historische Persönlichkeiten wie Rousseau, Josephus und Tacitus über Jesus Christus?
● Gibt es eine natürliche Erklärung der Wunder Jesu? Hatten die »Zeugen« Halluzinationen? Stimmen die Aussagen der Bibel mit denen der modernen Wissenschaft überein?
● Was sagt die Bibel zu geschichtlichen Entwicklungen von Vergangenheit und Gegenwart?
● Die Bibel – ein von Gott inspiriertes Buch?

Bitte fragen Sie in Ihrer Buchhandlung nach diesen Büchern!
Oder schreiben Sie an den Hänssler-Verlag, Postfach 12 20,
W-7303 Neuhausen-Stuttgart.

# hänssler

Klaus Eickhoff

# Mach mal Pause!

Tb., 80 S., Nr. 70.644, DM/sfr 4,80*, ISBN 3-7751-1647-8

Mach mal Pause
…zum Atemholen… zum Nachdenken… zur Neubestimmung
der eigenen Prioritäten. Was macht Dein Leben aus?
»Mach mal Pause!« Wer dieser Einladung folgt und den zen-
tralen Themen des eigenen Lebens einige Minuten widmet,
stellt fest: Es lohnt sich. Eickhoff hilft dem Leser, Antworten
zu finden, mit denen man das Leben in seiner ganzen Fülle aus-
schöpfen kann.

J. McDowell

# Wer ist dieser Mensch?

Tb., 96 S., Nr. 56.867, DM 4,80*, ISBN 3-7751-1219-7

Jesus, der Zimmermann aus Nazareth, steht auch heute im
Kreuzfeuer der Auseinandersetzung. Wer war er wirklich? Nur
ein beachtenswerter Lehrer von Ethik und mitmenschlicher
Moral? Wie steht es mit seinem Anspruch, Gott zu sein?
McDowell nennt hierzu eine Fülle von Daten, Fakten und Hin-
tergründen. Selten gab es dazu eine so konzentriert zusammen-
gefaßte Informationsquelle wie dieses Buch.

Bitte fragen Sie in Ihrer Buchhandlung nach diesen Büchern!
Oder schreiben Sie an den Hänssler-Verlag, Postfach 12 20,
W-7303 Neuhausen-Stuttgart.